BAROD, PARATOWCH, GWASANAETH

DEWCH I

GAN

HELENA JONES

CYHOEDDIADAU'R
GAIR

Testun gwreiddiol ⓗ Helen Franklin a Claire Derry
Cyhoeddwyd yn wreiddiol gan Scripture Union

Hawlfraint yr argraffiad Cymraeg
ⓗ 2005 Cyhoeddiadau'r Gair

Testun Cymraeg: Helena Jones
Golygydd Cyffredinol: Aled Davies

Dymuna'r cyhoeddwyr gydnabod cymorth
Adran Olygyddol Cyngor Llyfrau Cymru.

Ni chaniateir copïo unrhyw ran o'r deunydd hwn
mewn unrhyw ffordd oni cheir caniatâd y cyhoeddwyr.

Cedwir pob hawl.

Argraffwyd yng Nghymru

ISBN 1 85994 531 7

Cyhoeddwyd gan:
Cyhoeddiadau'r Gair,
Cyngor Ysgolion Sul Cymru,
Ysgol Addysg, PCB, Safle'r Normal,
Bangor, Gwynedd, LL57 2PX.

DEWCH I ADDOLI

CYNNWYS

	CYFLWYNIAD	6
	ADRAN 1 POBL ARBENNIG	
1	ACHUB AR Y MÔR COCH	14
2	PWY? FI?	16
3	I DDUW AC I GIDEON	23
4	GLYNU WRTH EIN GILYDD	25
5	CYSTADLEUAETH CARMEL	28
6	Y FFWRNAIS DANLLYD	32
7	PERYGL YN Y FFAU	35
	ADRAN 2 RWY'N ARBENNIG	
8	RWY'N CYFRI	40
9	FI YDW I	42
10	ER MOD I'N DDRWG	45
11	RYDW I WERTH O	48
12	GALLAF EI WNEUD	50
13	WRTH I MI DYFU	54
	ADRAN 3 FFRIND ARBENNIG	
14	MAE DUW EISIAU EIN HELPU BOB AMSER	57
15	MAE DUW BOB AMSER YN MADDAU	61
16	MAE DUW BOB AMSER YN ATEB	64
17	GALL IESU WNEUD UNRHYW BETH – YMDDIRIEDA YNDDO	69
18	MAE IESU BOB AMSER YN GWRANDO	72
19	MAE IESU BOB AMSER AR GAEL	74
	ADRAN 4 LLYFR ARBENNIG	
20	SILFF LYFRAU	77
21	EDRYCH YMA!	79
22	LLYFR LLYFRGELL	81
23	RHOF FY NGHARIAD I TI	84
24	BETH ALL E FOD?	86
25	DAU ADEILADWR	88
	ADRAN 5 LLEOEDD ARBENNIG	
26	TŶ Y BOBL SÂL	91
27	TŶ Y DYN CYFOETHOG	93
28	TŶ'R ARWEINYDD	96
29	Y GWESTY	98
30	Y TŶ DIRGEL	101
31	Y TŶ YN Y WLAD	103

ADRAN 6   ADEGAU ARBENNIG

32	AMSER PARTI!	106
33	DIOLCHGARWCH – RHANNWCH!	107
34	DIOLCHGARWCH AM Y CYNHAEAF	109
35	GOLEUNI	111
36	PARATOWCH! (ADFENT)	113
37	PASIWCH Y PARSEL (Y NADOLIG)	115
38	BLWYDDYN NEWYDD, DECHRAU NEWYDD	117
39	MOTYN	120
40	PEN BLWYDD HAPUS, ANNWYL EGLWYS! (Y PENTECOST)	123
		125
41	MAE'R GWYLIAU'N DECHRAU NAWR! (DIWEDD Y FLWYDDYN YSGOL)	128

CYFLWYNIAD

AMSER A GOFOD I DDUW
I lawer o blant y gwasanaeth yw'r unig amser a gofod a gânt i feddwl am Dduw a'i berthnasedd iddynt. Mae'r gofynion statudol yng Nghymru – fod pob ysgol gynaliedig yn cynnal gwasanaethau dyddiol, gyda'r rhan fwyaf ohonynt 'yn rhannol, neu'n gyfan gwbl o natur Gristnogol' – yn rhoi cyfle i helpu plant i ddechrau gweld y tu hwnt i ddaliadau byd materol ac i ddatblygu ymwybyddiaeth o Dduw, sydd yn bodoli, sydd yn poeni amdanynt ac sydd wedi rhoi canllawiau i'n helpu i fyw gyda'n gilydd.

Bwriad y llyfr hwn yw bod yn adnodd i bawb sydd eisiau, ac sy'n gallu, cymryd y cyfle hwnnw, drwy arwain gwasanaethau i blant 4–7 oed yn yr ysgolion cynradd – fel athro neu ymwelydd i'r ysgol. Mae pob braslun yn y llyfr hwn yn benodol Gristnogol ei naws.

OS YDYCH YN ATHRO. . .
I lawer o athrawon, mae'r cyfrifoldeb o arwain gwasanaeth mewn diwrnod sydd eisoes yn orlawn yn rhywbeth y medrent wneud hebddo, beth bynnag fo eu ffydd a'u daliadau personol. Yng nghyd destun yr ysgol, y deg ar hugain neu faint bynnag o blant sydd yn eich dosbarth a'u haddysg yw eich prif flaenoriaeth. Mae'r gwasanaeth ymhell iawn i lawr y rhestr. Beth bynnag fo'ch delfrydau, efallai y byddai'n help treulio ychydig o amser yn ystyried arwyddocâd y ffaith mai i lawer o blant y gwasanaeth boreol yw un o'r ychydig fannau y cânt glywed am Dduw.

Er bod angen rhywfaint o baratoi ar y gwasanaethau yn y llyfr hwn gobeitho y bydd y brasluniau hyn yn eich helpu i baratoi ac arwain gwasanaethau bywiog a phleserus fydd yn cyfrannu tuag at dyfiant ac ymwybyddiaeth y plant sydd dan eich gofal.

OS YDYCH YN YMWELYDD. . .
Cofiwch eich bod yn ymwelydd i'r ysgol . . . gwestai. Efallai mai chi oedd yn gyfrifol am greu'r cyswllt ond yr ysgol sydd wedi derbyn eich cynnig a'ch gwahodd chi yno. Byddwch yn ymwelydd cwrtais a doeth – efallai y cewch eich gwahodd yn ôl!

Os nad ydych eisoes yn gwybod, ceisiwch gael ychydig o wybodaeth gefndirol am yr ysgol a'r hyn sydd yn arfer digwydd yn y gwasanaeth.

Beth yw cefndir cymdeithasol ac ethnig y plant? Pa gredoau eraill, ar wahân i Gristnogaeth, sydd yn cael eu cynrychioli yn yr ysgol? A yw'r gwasanaethau yn yr ysgol fel arfer yn Gristnogol eu natur? Beth mae'r staff a'r plant yn arfer ei gael mewn gwasanaeth (gweddi, darlleniad Beiblaidd, canu)?

Gwnewch yn siŵr faint o amser sydd gennych i gynnal y gwasanaeth. Cadwch at yr amseroedd hynny. Mae trefn yn bwysig iawn mewn ysgol, lle mae gan y staff waith gofalu am nifer fawr o blant. Hefyd mae gan athrawon ddiwrnod llawn ac mae angen cadw at eu trefniadau.

Byddwch yn brydlon. Gofalwch fod gennych ddigon o amser os oes angen gosod offer yn y neuadd cyn dechrau'r gwasanaeth.

Byddwch yn hyblyg. Nid yw ysgolion bob amser yn rhedeg ar amser. Os oes rhywun wedi anghofio eich bod yn dod, neu fod hanner y plant ar drip ysgol, neu fod yr uwchdaflunydd wedi ei ddwyn yr wythnos flaenorol – peidiwch â phoeni ond byddwch yn barod.

Paratowch eich gwasanaeth yn drylwyr. Mae'r ysgol yn ymddiried ynoch drwy adael i chi arwain gwasanaeth.

Gwisgwch mewn modd na fydd yn tynnu sylw anaddas atoch eich hun. Byddwch eisiau i'r plant (a'r staff) sôn am gynnwys eich gwasanaeth yn ystod amser chwarae, ac nid am y dillad roeddech yn eu gwisgo (os nad oeddent yn rhan fwriadol o'r gwasanaeth).

Yn ystod y gwasanaeth, peidiwch â gorgynhyrfu'r plant. Os byddant yn cynhyrfu, cofiwch roi amser iddynt dawelu hefyd. Cofiwch fod rhaid i athrawon eu helpu i ymdawelu wedyn i waith dosbarth.

Os byddwch yn gwneud unrhyw lanast yn ystod y gwasanaeth (papur ar y llawr, bwyd wedi ei golli a.y.y.b.), cynigiwch glirio wedyn.

Cofiwch mai gwasanaeth ysgol ydyw – nid gwasanaeth teuluol mewn eglwys neu Ysgol Sul. Cofiwch am gefndiroedd amrywiol y plant, a'r ffaith nad oes gan y rhan fwyaf ohonynt unrhyw gysylltiad ag eglwys, ac am gyfrifoldeb yr ysgol tuag at y plant – eu haddysgu ac nid dylanwadu arnynt.

Cofiwch fod eich cyflwyniad o wirioneddau Cristnogol yn rhan o gynllun ehangach. Bydd eraill yn arwain y gwasanaethau'n rheolaidd, a bydd plant o deuluoedd Cristnogol yn trosglwyddo gwerthoedd Cristnogol heb fod yn gydwybodol o hynny. Mae Addysg Grefyddol yn rhan o'r cwricwlwm, ac efallai fod clwb Cristnogol yn bodoli yn yr ysgol. Mae'r holl agweddau gwahanol hyn yn dod â gwirionedd Duw i fywyd cymdeithasol yr ysgol.

Y PLANT

Bydd y plant fydd yn eich gwasanaeth yn dod o amrywiaeth eang o sefyllfaoedd teuluol a chymdeithasol ac o gefndiroedd ethnig a chrefyddol gwahanol. Byddwch yn ymwybodol o hyn wrth baratoi eich deunydd.

Peidiwch â chymryd ymwybyddiaeth y plant o'r ffydd Gristnogol yn ganiataol. Peidiwch â rhoi geiriau o gred neu ymrwymiad yng ngenau plant fydd yn awyddus i blesio ond na fyddant yn deall ystyr y geiriau yn iawn. Parchwch deimladau rhieni plant o gredoau gwahanol, er nad ydych efallai yn cytuno â hwy.

Mae'r rhan fwyaf o blant 4–7 oed yn byw mewn byd o gysyniadau llythrennol. Osgowch syniadau haniaethol.

Mae plant yr oed yma'n chwilfrydig ac yn agored. Maent yn awyddus i ddarganfod a deall mwy am eu byd.

Mae plant 4–7 oed yn ymddiried yn gyfan gwbl mewn oedolion, yn enwedig rhai sy'n ymddangos mewn safle o gyfrifoldeb, fel arwain gwasanaeth. Gwnewch yn siŵr fod yr hyn a ddywedwch yn gwbl ddibynadwy a gwir.

Mae plant yr oed yma yn mwynhau siarad a chlywed am y byd o'u cwmpas, eu teuluoedd, ysgol, ffrindiau ar y stryd, rhaglenni teledu plant, y teganau diweddaraf, gemau, llyfrau, ffilmiau, cerddoriaeth, a.y.y.b. Defnyddiwch eglurebau o'u byd hwy.

Mae plant wrth eu bodd yn chwerthin. Defnyddiwch hiwmor yn eich eglurebau, ond peidiwch byth â gwneud hwyl am ben plentyn yn y gwasanaeth.

NODWEDDION ARBENNIG O WASANAETHAU BABANOD

Os ydych wedi dysgu neu ymweld ag Ysgol Babanod ar gyfer gwasanaethau neu wedi bod yn rhan o wasanaethau i fabanod yn unig mewn ysgol gynradd, byddwch yn ymwybodol eu bod yn wahanol iawn i rai lle mae babanod a disgyblion iau yn bresennol gyda'i gilydd. Ond beth sydd yn eu gwneud yn wahanol? Credaf mai nodweddion cymeriad plentyn 4–7 oed sy'n gwneud y gwahaniaeth.

Mae plant yr oed yma yn meddwl llawer yn y presennol. Mae angen popeth mewn iaith bob dydd arnynt. Maent yn frwdfrydig ac yn eiddgar. Maent yn greadigol ac yn ymatebol. Mae eu byd yn dal i droi o amgylch eu hunain, er bod rhai'n dechrau meddwl am eraill.

Dylai'r rhai sydd yn arwain gwasanaethau babanod ganolbwyntio ar fyd plentyn 4–7 oed heb siarad uwch eu pennau neu ddefnyddio iaith sy'n rhy anodd iddynt ei deall. Wrth siarad â babanod dylid defnyddio geirfa ac agwedd fydd yn eu hannog i gymryd rhan.

Bydd babanod ar y cyfan yn fwy tebygol o ymateb mewn gwasanaeth os yw'r gwasanaeth wedi ei anelu at eu lefel hwy. Nid yw pob plentyn yn y dosbarth derbyn wedi dysgu peidio galw allan eto, ac mae'r grŵp cyfan yma'n mwynhau gwasanaeth rhyngweithiol lle gallant gymryd rhan yn yr holl weithgareddau. Nid yw plant yr oed yma'n gallu canolbwyntio am gyfnod hir, ac mae gwasanaeth rhyngweithiol yn eu galluogi i ganolbwyntio am gyfnod hirach!

Rhaid i'r rhai sydd yn arwain gwasanaeth babanod fod yn ymwybodol y gall unrhyw beth ddigwydd ar unrhyw adeg! Gallai fod yna blentyn yn awyddus iawn i ddweud rhywbeth wrth bawb, plentyn yn ei ddagrau, y ddamwain fach yna ar y llawr, plentyn yn syrthio i gysgu – gall y gwasanaeth babanod fod yn ddiddorol iawn ac mae ganddo ei rinweddau arbennig ei hun.

LLE GWASANAETH AR Y CYD YNG NGWEINYDDIAD POB DYDD YR YSGOL – SUT MAE'N CAEL EI WELD A'I WERTHUSO

Pa mor uchel yw'r flaenoriaeth a roir i addoliad ar y cyd y dyddiau hyn yn yr ysgol a sut mae'n cael ei weld?

Mae llawer yn dibynnu ar nifer fawr o ffactorau: traddodiad yr ysgol; y pennaeth ac athrawon unigol; a yw'n ysgol wledig neu yn un eglwysig; a yw y sefyllfa'n aml gred a.y.y.b.

Weithiau cynhelir gwasanaethau ar y cyd yn unig am fod gorfodaeth ar yr ysgol i gyflawni'r ddeddf. Weithiau nid yw gwasanaeth ar y cyd ond cyfle i ddod ynghyd heb unrhyw gynnwys crefyddol o gwbl ar unrhyw adeg. Weithiau arweinir y gwasanaeth ar y cyd gan y pennaeth neu'r dirprwy bennaeth sy'n aml yn darllen o lyfr gwasanaethau ac yn gweithio ei ffordd drwyddo.

Er hynny, mewn llawer o ysgolion cymerir gofal a gwneir ymdrech ynglŷn â'r hyn sy'n digwydd mewn gwasanaeth. Mae athrawon yn mynychu cyrsiau ac yn cael dyddiau hyfforddiant mewn swydd ar y pwnc yma, ac yn cael arian ar gyfer adnoddau. Gall cynllunio manwl olygu fod themâu yn cael eu paratoi ar gyfer pob tymor neu hanner tymor, gydag ymwelwyr a gwasanaethau dosbarth wedi eu trefnu ymlaen llaw, gan wneud yr amser byr yma bob diwrnod yn brofiad cyfoethog ac yn amser sydd yn aml yn adlewyrchu holl naws neu awyrgylch yr ysgol.

DEFNYDDIO'R LLYFR HWN

NOD
Dylai fod gan bob gwasanaeth un pwynt clir, a hyn yn cael ei fynegi ar ddechrau pob amlinelliad fel y nod. Cadwch hyn mewn cof wrth arwain y gwasanaeth, a chofiwch ei fynegi'n glir.

SAIL BEIBLAIDD
Mae gan bob amlinelliad sail Beiblaidd, y darlleniad sydd y tu ôl i'r stori neu'r wers. Darllenwch y darn fel rhan o'ch paratoad, ond nid oes angen ei ddarllen allan fel rhan o'r gwasanaeth os nad yw'r amlinelliad yn gofyn am hynny.

BYDDWCH ANGEN
Edrychwch drwy'r rhestr ddigon ymlaen llaw i gael gafael ar unrhyw offer y bydd ei angen. Os ydych yn bwriadu defnyddio uwchdaflunydd gofalwch yn gyntaf fod un ar gael yn yr ysgol. Os byddwch yn defnyddio offer trydan eich hunan mae'n ddefnyddiol bob amser mynd ag estyniad trydanol rhag ofn nad oes pwynt trydan yn ymyl.

PARATOI
Eglurir y paratoi angenrheidiol ym mhob amlinelliad, ond y paratoi pwysicaf yw bod yn gyfarwydd â'ch deunyddiau:
• Sicrhewch fod y nod yn glir yn eich meddwl
• Ymarferwch unrhyw storïau a pharatowch y cymhorthion gweledol
• Penderfynwch pryd i gael y gweddïau a'r caneuon (fe'u rhestrir ar ddiwedd pob amlinelliad, ond nid dyma'r lle gorau iddynt bob tro), a gofalwch fod copi o'r gerddoriaeth gennych os oes rhywun arall yn chwarae'r caneuon i chi.
• Ceisiwch rag weld atebion y plant i unrhyw gwestiynau gennych, ac ystyried sut i symud ymlaen wedi hynny.

CYFLWYNIAD
1. Meddyliwch ymlaen llaw beth yn union fydd eich geiriau cyntaf – sut i gyfarch y plant neu a fydd angen i chi neidio yn syth i'r stori, e.e. os ydych yn chwarae rhan cymeriad arbennig. Mae gan lawer o'r

gwasanaethau ragarweiniad sy'n creu diddordeb a chysylltiadau gyda'r byd bob dydd a'r stori Feiblaidd a adroddir. Ond gofalwch rhag treulio gormod o amser ar y rhagarweiniad fel nad ocs digon o amser i'r stori.

2. Awgrymir defnyddio cymhorthion gweledol mewn rhai o'r amlinelliadau gan eu bod yn helpu plant i gofio'n well bwrpas y gwasanaeth. Peidiwch â phoeni os na fedrwch dynnu llun, gofynnwch i rywun arall wneud llun syml, neu defnyddiwch lyfr fel *How to cheat at Visual Aids* wedi ei gyhoeddi gan Scripture Union. Ystyriwch faint yr ystafell y byddwch yn gweithio ynddi, a gwnewch yn siŵr y bydd y lluniau'n hawdd eu gweld o bell.

3. Cofiwch ymarfer unrhyw stori ar eich pen eich hun, fel eich bod yn hyderus gyda'r cyflwyniad. Os ydych am ei dysgu ar eich cof, canolbwyntiwch ar y dechrau a'r diwedd – felly byddwch yn siŵr o gofio'r canol hefyd. Edrychwch ar lyfr *Storytelling* gan Lance Pierson, eto gan Scripture Union am fwy o help.

4. Os byddwch yn dewis plant i gymryd rhan, rhowch gyfarwyddiadau clir gan ddweud wrthynt pan fydd eu rhan drosodd a'u hanfon yn ôl i eistedd. Os nad ydych yn adnabod y plant yn dda, byddai'n well gofyn i aelod o staff ddewis gwirfoddolwyr i chi. Byddwch yn barod i unrhyw beth ddigwydd. Os ydi'r plant i gyd yn ymuno gyda rhai geiriau, ceisiwch eu hymarfer cyn dweud y stori. Cofiwch y gall babanod fynd dros ben llestri wrth helpu i wneud synau! Penderfynwch ymlaen llaw sut i'w tawelu, e.e. arwydd llaw – ac egluro hynny iddynt.

5. Os oes plentyn yn rhoi ateb i gwestiwn, diolchwch iddo/i, a'i ailadrodd fel bod pawb wedi clywed. Penderfynnwch sut i ddelio ag atebion anghywir, fel eich bod yn atgyfnerthu hyder y plentyn a gwerthfawrogi ei gyfraniad, ond fel eich bod ar yr un pryd yn gallu symud ymlaen i'r ateb cywir.

GWEDDI

Mae gweddi'n rhoi cyfle i'r plant feddwl am yr hyn maent wedi ei weld a'i glywed, ac ymateb iddo. Nid oes angen cael gweddi uchel ond, os ydych am ofyn i'r plant feddwl yn dawel, rhowch syniad iddynt o'r hyn y dylent feddwl amdano, gan gadw'r amser yn eithaf byr. Anogwch y plant i ymuno yn y diwedd gyda'r 'Amen', os ydynt yn cytuno â'r hyn rydych wedi ei ddweud yn y weddi. Byddwch yn sensitif i'r ffaith fod plant yno efallai o gefndiroedd crefyddol gwahanol, neu o deuluoedd heb unrhyw gred grefyddol o gwbl. Peidiwch â gwneud i'r plant ddweud unrhyw beth nad ydynt yn ei gredu.

AWGRYMIADAU CANU

Os yn bosibl defnyddiwch gân sydd yn gweddu i thema'r gwasanaeth. Er hynny, byddwch yn barod i newid eich meddwl os yw'r ysgol wedi bod yn ymarfer un gân i'w chanu'n arbennig y diwrnod hwnnw! Fel o'r blaen, peidiwch â gwneud i'r plant ganu geiriau nad ydynt yn eu credu. Ceisiwch osgoi caneuon sy'n dweud 'Rwy'n credu . . . ', a dewiswch rai fel 'Mae Duw yn . . . '

YN OLAF

Wrth baratoi, meddyliwch yn ofalus am y geiriau rydych am eu defnyddio i orffen y gwasanaeth neu i drosglwyddo yn ôl i'r athro mewn gofal. Rwyf wedi difetha rhai gwasanaethau gyda rhyw ddywediad di bwrpas wrth fynd yn ôl i'm sedd! Gorffennwch ar nodyn hapus, cadarnhaol.

ADRAN 1

POBL ARBENNIG

1 ACHUB AR Y MÔR COCH

Nod Dangos i'r plant fod gan Dduw bŵer dros ei greadigaeth

Sail Beiblaidd Exodus 14

Byddwch angen
Cliwiau   llun syml ar asetadau neu ddarnau mawr o bapur
Ffon i gynrychioli yr un oedd gan Moses (gellir defnyddio ffon gerdded)
Dau gerdyn fflach: 'Eifftiaid' ac 'Israeliaid'
Chwaraewr casét gyda thâp o eiriau Duw i Moses

Paratoi
Paratowch gliwiau   llun syml ar asetad neu bapur fel y gêm *Dingbats*, e.e. clychau'r gog (cloch aderyn); pen blwydd hapus (wyneb hapus + cacen pen blwydd); Mi welais Jac y Do (llun llygad aderyn); Môr Coch (tonnau lliw coch).
Paratoi'r ddau gerdyn fflach 'Eifftiaid' ac 'Israeliaid'
Recordiwch ar gasét eiriau Duw i Moses yn Exodus 14:16, 'Cod dithau dy wialen, ac estyn dy law allan dros y môr i'w rannu, er mwyn i'r Israeliaid fynd trwy ei ganol ar dir sych.'
Os yn bosib, cuddiwch y recordiwr casét cyn y gwasanaeth, a chael athro i'w weithio pan fo angen.

Cyflwyniad

Rhagarweiniad
1 Mwynhewch chwarae'r gêm gliwiau, lle mae'n rhaid i'r plant ddweud yr hyn maent yn ei weld. Gwnewch un neu ddau drostynt nes iddynt ddeall sut i chwarae, gan orffen gyda'r Môr Coch.
2 Defnyddiwch y cliw olaf i arwain i mewn i'r stori. Gofynnwch i'r plant a ydynt yn gwybod ble mae'r Môr Coch.

Stori
1 Dechreuwch gyda'r cefndir:
Roedd yr Israeliaid, pobl arbennig Duw, wedi bod yn gaethweision yn yr Aifft. Penderfynodd Pharo, y brenin, eu gadael yn rhydd, felly roeddynt wedi cychwyn allan i'r anialwch a chyrraedd y Môr Coch. Yna newidiodd Pharo ei feddwl a'u herlid gyda'i fyddin enfawr. Roedd yr Israeliaid yn gaeth. Troesant at Moses eu harweinydd mewn panig.

2 Dewiswch grŵp o blant i fod yn Israeliaid a grŵp arall o blant i fod yn Eifftiaid, un plentyn o bob grŵp yn dal y cerdyn pwrpasol. Dewiswch blentyn i fod yn Moses.
3 Adroddwch y stori o Exodus 14 yn syml, gan ddefnyddio'r plant i ail greu'r stori wrth fynd ymlaen gan ddefnyddio'r casét yn y man priodol.

Cymhwysiad
1 Gofynnwch i'r plant sut roedd Moses a'r Israeliaid yn teimlo pan wnaethant sylweddoli eu bod wedi eu cornelu.
2 Tynnwch sylw'r plant at y ffaith eu bod wedi gweddïo ar Dduw am gymorth a'i fod wedi eu hachub. Beth wnaeth e?

Amser i feddwl
1 Gofynnwch i'r plant fod yn llonydd iawn a chau eu llygaid am ychydig eiliadau a meddwl pa mor bwerus oedd Duw i allu gwneud hyn.
2 Atgoffwch hwy mai Duw wnaeth y byd a'r cwbl sydd ynddo. Fe all ddweud wrth y moroedd beth i'w wneud!

Cân
'Mae'n Duw ni mor fawr, mor gryf ac mor nerthol'
151, *Caneuon Ffydd*

2 PWY? FI?

Nod Dangos i'r plant y gall Duw ddefnyddio unrhyw un i wneud ei waith

Sail Beiblaidd Barnwyr 6

Byddwch angen
Crib a drych, sbectol a llyfr mathemateg, potel 2 litr o ddiod oren yn llawn dŵr.
Pedwar asetad ar gyfer llungopïo, neu ddarnau mawr o bapur
Uwchdaflunydd os ydych yn defnyddio asetadau

Paratoi
Llungopïwch luniau 1–4 ar asetadau neu eu chwyddo ar bapur.
Cyfarwyddwch ymlaen llaw â stori Duw yn galw Gideon (mae'r prif bwyntiau yn cael eu hamlinellu islaw a bydd y lluniau'n eich helpu wrth fynd ymlaen)

Cyflwyniad

Rhagarweiniad
1 Gofynnwch am dri gwirfoddolwr.
2 Rhowch yr enwau canlynol iddynt (neu rai tebyg): Brenda Brydferth (rhowch y crib a'r drych iddi); Glenda Glyfar (rhowch y sbectol a'r llyfr iddi); Gari Gryf (rhowch y botel drom iddo).
3 Cyflwynwch bob cymeriad yn ei dro, gan annog y gwirfoddolwr i feimio ychydig gan ddefnyddio'r propiau.

Stori
Cychwynnwch y stori drwy ddweud eu bod heddiw am glywed am adeg pan ddewisodd Duw rywun i wneud swydd arbennig iddo, er nad oedd yn arbennig o olygus, clyfar na chryf.

Llun 1
Roedd pobl Dduw, yr Israeliaid, wedi anghofio am Dduw ac wedi gwneud pethau drwg. Roedd rhai gelynion wedi bod yn dod yn ôl i ddwyn eu hanifeiliaid a'u bwyd. Rhedodd yr Israeliaid i ffwrdd gan guddio mewn ogofâu yn y bryniau.

Llun 2
Un dydd roedd dyn ifanc o'r enw Gideon yn dyrnu gwenith yn y dirgel pan ymddangosodd angel yn sydyn a siarad ag ef.
"Mae Duw gyda thi, O ddyn dewr a nerthol," meddai'r angel. Roedd Gideon wedi dychryn. "Ti ddewisodd Duw i ryddhau dy bobl oddi wrth eu gelynion."
"Pwy? Fi?" meddai Gideon. "Ond fi yw'r ieuengaf yn y teulu, ac nid ydym yn deulu pwysig o gwbl." Ni allai Gideon gredu hyn, ond dywedodd yr angel wrtho fod Duw wedi addo bod gydag ef a'i helpu.
Diflannodd yr angel a gadawyd Gideon i feddwl am yr holl bethau a ddywedwyd.

Llun 3
Cymerodd Gideon utgorn a'i chwythu. Cyn bo hir roedd byddin gyfan wedi dod at ei gilydd i helpu Gideon i drechu'r gelynion. Yna meddyliodd Gideon tybed fyddai Duw gydag ef mewn gwirionedd ac yn ei helpu. Gofynnodd i Dduw brofi hyn. Rhoddodd Gideon ychydig o wlân ar y ddaear. Dywedodd wrth Dduw, "Yn y bore, os fydd y gwlith ar y gwlân yn unig, ac nid ar y ddaear o'i gwmpas, byddaf yn gwybod dy fod wedi fy newis, ac y byddi gyda mi." Y diwrnod wedyn roedd popeth yn union fel y gofynnodd Gideon – roedd y gwlân yn wlyb o wlith, a'r ddaear yn sych.

Llun 4
Ond nid oedd Gideon yn siŵr o hyd, felly siaradodd gyda Duw unwaith eto: "Plîs, gaf i wneud un prawf arall gyda'r gwlân. Y tro yma gad i'r gwlân fod yn sych, a'r ddaear yn wlyb." Gwnaeth Duw felly – y gwlân yn sych a'r ddaear yn wlyb.

Cymhwysiad
Gofynnwch i'r plant:
Pam nad oedd Gideon yn meddwl y gallai ymladd â'r gelynion?

Beth oedd Duw yn ei feddwl o Gideon?
Beth oedd Duw wedi ei addo i Gideon?

Gweddi

Gwahoddwch y plant i wrando ar y weddi hon, ac, os ydynt yn cytuno ac am ei gwneud yn weddi iddynt eu hunain, gallant ddweud 'Amen' ar y diwedd.

Gallwch ddefnyddio'r geiriau canlynol neu rai tebyg:

"Annwyl Dduw, diolch ein bod i gyd yn bwysig i ti. Diolch dy fod wedi addo bod gyda ni a'n helpu ni."

3 I DDUW AC I GIDEON

Nod Dangos i'r plant fod Duw mor fawr fel y gall wneud unrhyw beth

Sail Beiblaidd Barnwyr 7

Byddwch angen
Logo *Superman*
Darn mawr o bapur
Tri cherdyn fflach
Jwg neu botyn pridd
Fflachlamp
Utgorn (un iawn neu degan plentyn neu o gardfwrdd)

Paratoi
Gwnewch amlinelliad o logo *Superman* ar y dudalen fawr o bapur (a'i arddangos ar fwrdd du neu rywle tebyg)
Paratowch gardiau fflach gyda'r rhifau canlynol arnynt: 32,000; 10,000 a 300.

Cyflwyniad

Rhagarweiniad
1. Dangoswch y logo *Superman* i'r plant, a gofyn a ydynt yn ei adnabod.
2. Trafodwch gyda hwy y pethau arbennig y gall arwyr fel hyn eu gwneud, e.e. hedfan, gweld drwy waliau. Ysgrifennwch eu hatebion i lawr wrth fynd ymlaen.

Stori
Nid oedd Gideon yn arwr o unrhyw fath, ond ef oedd y dyn a ddewisodd Duw i achub ei bobl oddi wrth eu gelynion, ac fe addawodd Duw fod gydag ef.

Casglodd Gideon fyddin enfawr o 32,000 (gofynnwch i blentyn ddod allan i ddal y cerdyn), ond dywedodd Duw fod y fyddin yn rhy fawr. Dywedodd Duw efallai y byddent yn credu eu bod wedi ennill ar eu pennau eu hunain, heb ei help ef, gyda chynifer o ddynion.

Dywedodd Duw wrth Gideon am yrru pawb oedd ag ofn arnynt adref. Aeth 22,000 ohonynt adref, gan adael 10,000 yn unig i Gideon (dangos y cerdyn nesaf). Ond dywedodd Duw fod gormod o hyd, felly dywedodd wrth Gideon beth i'w wneud. Aeth y dynion i gyd i lawr at yr afon i yfed, ac roedd y rhai oedd yn plygu i lawr ac yn codi'r dŵr yn eu dwylo yn cael aros, ond y rhai hynny oedd yn plygu i lawr a rhoi eu hwynebau yn y dŵr i yfed yn cael eu hanfon adref. Gadawodd hyn 300 o ddynion i Gideon (dal y cerdyn nesaf i fyny).

Felly rhannodd Gideon y 300 yn grwpiau o 100, pob dyn yn cario fflachlamp, jwg ac utgorn (dangoswch y rhai sydd gennych, gan egluro'r gwahaniaeth rhyngddynt a'r rhai fyddai gan Gideon).

Am hanner nos fe amgylchasant y gwersyll. Pan roddodd Gideon yr arwydd canwyd yr utgyrn, malwyd y jariau a chwifiwyd y fflachlampau, a gwaeddodd pob un ohonynt . . . "I Dduw ac i Gideon". Cafodd y gelyn gymaint o fraw fel iddynt i gyd redeg i ffwrdd.

Amser i feddwl
1. Gofynnwch i'r plant fod yn dawel a chau eu llygaid.
2. Atgoffwch hwy eto mai dyn cyffredin iawn oedd Gideon, ond un oedd yn ymddiried yn Nuw.
3. Pwysleisiwch fawredd Duw, ei bŵer arbennig yn helpu Gideon a'i ddynion i ennill.

Gweddi
Gwahoddwch y plant i ddweud 'Amen' ar y diwedd os dymunant wneud hynny.

Annwyl Dduw, diolch dy fod ti mor nerthol a phwerus. Diolch dy fod ti'n gallu gwneud unrhyw beth. Amen.

4 GLYNU WRTH EIN GILYDD

Nod Dangos fod Duw yn fodlon pan fyddwn yn ffrindiau da

Sail Beiblaidd Llyfr Ruth

Byddwch angen
Amrywiaeth o ffyrdd i lynu pethau wrth ei gilydd, e.e. blu tac, staplau, tâp, glud *superglue*.
Darnau bach o bapur, defnydd, cerdyn, gwlân i'w glynu wrth ei gilydd.
Dau ddarn o bren a darnau o gerdyn
5 plat papur ar gyfer y pypedau

Paratoi
Gwnewch ddau arwyddbost (gan ddefnyddio'r pren a'r cerdyn) – un yn dweud 'Bethlehem' a'r llall 'Moab'.
Gwnewch bypedau gan ddefnyddio'r platiau papur i gynrychioli Naomi, Orpah, Ruth, Boaz ac Obed. Tynnwch luniau wynebau ar y platiau gyda phinnau ffelt, gan ychwanegu defnydd, gwlân, ar gyfer y gwallt, barf, a.y.y.b.
Darllenwch drwy amlinelliad y stori i ymgyfarwyddo â hi.

Cyflwyniad

Rhagarweiniad
1. Siaradwch gyda'r plant am wahanol ffyrdd o lynu pethau wrth ei gilydd. Dangoswch rai gan ddefnyddio'r pethau sydd gennych. Gadewch ddigon o amser i'r plant gael cynnig eu syniadau eu hunain.
2. Gorffennwch gyda'r *superglue* gan bwysleisio pa mor wahanol yw ceisio gwahanu'r darnau o gerdyn sydd wedi eu glynu fel hyn. Eglurwch wrth y plant fod rhai pobl yn gymaint o ffrindiau fel eu bod 'yn glynu wrth ei gilydd' beth bynnag sydd yn digwydd. Heddiw fe fyddant yn clywed am ferch yn y Beibl oedd yn glynu wrth ei ffrind hyd yn oed pan oedd pethau'n anodd.

Stori

1 Gallwch wahodd y plant i ddod allan atoch i afael yn y gwahanol bypedau a'r arwyddbyst wrth i chwi ddweud y stori.

2 Cyflwynwch y plant i Naomi'r pyped a dangos arwyddbost Bethlehem. Adroddwch y stori:

Roedd Naomi yn byw yn nhref Bethlehem gyda'i gŵr Elimelech a'u dau fab. Edrychai pethau'n ddrwg iawn i'r teulu – roedd y caeau ym Methlehem yn sych ac yn llychlyd, nid oedd bwyd ar ôl i'w fwyta ac roedd pawb yn llwgu. Penderfynodd Elimelech ei bod yn bryd gadael a symud i rywle lle'r oedd bwyd ar gael. Felly aeth y teulu i gyd ar daith hir iawn i wlad Moab ac aros yno.

3 (Dangos arwyddbost Moab)
Tyfodd y ddau fab i fyny a phriodi dwy ferch o Moab, Ruth ac Orpa.

4 (Dangos pypedau Ruth ac Orpa)
Yn anffodus bu farw Elimelech, a tua deg mlynedd yn ddiweddarach bu farw dau fab Naomi, gan ei gadael ar ei phen ei hun. Clywodd Naomi fod bwyd ar gael erbyn hyn ym Methlehem, felly penderfynodd y byddai'n mynd adref.

5 (Dangos arwyddbost "Bethlehem")
Ni allai Ruth ac Orpa adael i Naomi wneud y daith ar ei phen ei hun felly penderfynasant fynd gyda hi. Wrth iddynt deithio ceisiodd Naomi eu perswadio i ddychwelyd, ac yn y diwedd rhoddodd Orpa gusan i Naomi, ac aeth yn ôl i Moab.

6 (Dangos arwyddbost Moab)
Gwrthodod Ruth adael Naomi, felly teithiodd y ddwy yn eu blaenau. Pan gyraeddasant Bethlehem roedd yn amser y cynhaeaf a'r ffermwyr yn brysur yn casglu cnydau. Roedd hen ffrindiau Naomi yn falch o'i gweld ond roedd Naomi yn drist iawn – roedd ei gŵr a'i meibion wedi marw. Roedd Naomi a Ruth yn dlawd iawn. Byddai Ruth yn mynd allan i'r caeau bob dydd i gasglu unrhyw beth oedd yn weddill. Nid oedd Ruth yn gwybod ei bod yn gweithio mewn cae oedd yn perthyn i berthynas cyfoethog i Naomi. Boas oedd ei enw.

7 (Dangos pyped Boas)
Deallodd Boas mai dieithryn oedd Ruth a bu'n garedig iawn wrthi. Priododd Ruth a Boas, a ganwyd mab iddynt, o'r enw Obed.

8 (Dangos pyped Obed, a'r arwydd Bethlehem)
Bellach, Ruth, a fu'n ffrind mor dda i Naomi, oedd y ferch hapusaf ym Methlehem.

Cymhwysiad

1 Gofynnwch i'r plant pam eu bod yn meddwl bod Ruth wedi glynu wrth Naomi.

2 Eglurwch pa mor anodd oedd y sefyllfa iddi mewn gwlad ddieithr, ymhell oddi wrth ei phobl ei hun.

3 Pwysleisiwch nad yw bod yn ffrind da bob amser yn hawdd ac weithiau ei bod yn anodd aros yn ffrindiau. Mae Duw yn hapus pan fyddwn ni'n ffrindiau da.

Gweddi

Diolch, Dduw, am ffrindiau. Gadewch i ni fod yn ffrindiau da sy'n glynu wrth ei gilydd beth bynnag a ddigwydd. Amen.

Cân

16, *Glas, Glas Blaned.* 'Ble bynnag yr ei gwnaf dy ddilyn, dilyn, dilyn'

5 CYSTADLEUAETH CARMEL

Nod Helpu plant i ddeall mai Duw ydi'r unig Dduw, y gorau, ac mae'n real!

Sail Beiblaidd 1 Brenhinoedd 18:1–40

Byddwch angen
Rhai eitemau bydd yn rhaid i'r plant ddewis rhyngddynt, e.e. afal neu oren; pêl droed neu lyfr; *Smarties* neu *fruit pastilles*
Ychydig o offer syml ar gyfer y stori, e.e. coron i Ahab, clogyn i Elias a bwced

Paratoi
Cyfarwyddwch â'r stori yn 1 Brenhinoedd 18 ac edrychwch yn fanwl ar y sgript er mwyn gwybod sut i ddefnyddio'r gwirfoddolwyr.

Cyflwyniad

Rhagarweiniad
1 Trafodwch gyda'r plant yr adegau hynny y bu rhaid iddynt wneud penderfyniadau. Oes yna adeg pan mae'n anodd penderfynu?
2 Dangoswch yr eitemau y gall y plant eu dewis.

Cefndir
1 Eglurwch i'r plant fod gan yr Israeliaid, pobl Dduw, lawer o frenhinoedd drwg. Efallai mai'r gwaethaf ohonynt oedd y Brenin Ahab, ac roedd Jesebel ei wraig yn waeth byth!
2 Nid oedd Ahab yn poeni am Dduw. Roedd Jesebel yn addoli duw ffug o'r enw Baal, a chyn bo hir roedd y bobl mor gymysglyd fel na allent ddod i benderfyniad am Dduw o gwbl.
3 Roedd Duw yn barod i geisio cael Ahab i wrando arno. Nid oedd wedi glawio ers tair blynedd, roedd Ahab mewn tymer ddrwg, ac anfonodd Duw Elias at Ahab eto.

1. Stori:
Dewiswch wirfoddolwyr i helpu i ddweud y stori: y Brenin Ahab, Elias ac ychydig o broffwydi Baal. Yr holl blant eraill yn y gwasanaeth fydd y dyrfa yn gwylio'r gystadleuaeth.

2. Adroddwch y stori:
Pan gyfarfu Ahab ac Elias, roedd Ahab mor flin fel prin y medrai aros yn llonydd.
(Ahab ac Elias yn wynebu ei gilydd, Ahab yn crynu gan dymer)
    Roedd yn crynu ac yn gwingo gan dymer.
    "Ti sydd wedi achosi'r helbul yma," sgrechiodd Ahab, ei lais yn uchel a gwichlyd.
    "Na, nid fi sydd," meddai Elias. "Rwyt ti wedi anghofio cymryd sylw o Dduw. Yn awr mae ef am ddangos rhywbeth mwy amdano'i hun iti. Tyrd â'r bobl i gyd i Fynydd Carmel. Tyrd â'r holl broffwydi at ei gilydd. Pawb yn un dyrfa fawr. Fe fydd yna gystadleuaeth fawr."
    Cyn bo hir roedd tyrfa fawr o bobl wedi dod at ei gilydd, ynghyd â 450 o broffwydi Baal, yn barod am gystadleuaeth fawr.
(Elias yn wynebu gweddill y plant)
    "Gwrandewch," meddai Elias wrth y bobl. "Mae'n rhaid i chi benderfynu pwy sy'n real. Fedrwch chi ddim bod ar ochr Dduw ac ar ochr Baal. Mae'n rhaid i chi ddewis."
    Ond ni ddywedodd y bobl unrhyw beth. Roeddent wedi clywed am y gystadleuaeth ac wedi dod i weld.
    "Iawn," meddai Elias wrth y bobl. "Dowch â dau darw allan." Ufuddhaodd y bobl. Fel arfer llosgid teirw fel aberth i Dduw i ddangos parch ac anrhydedd, fel math o anrheg.
(Gofynnwch am wirfoddolwr i meimio dod â'r aberth allan)
    "Y gystadleuaeth fydd i weld pa dduw fydd yn dod â thân i lawr i losgi'r aberth," meddai Elias. "Pawb yn cytuno?"
    Roedd proffwydi Baal yn gweiddi, yn sgrechian ac yn taro'u traed i wneud sŵn mawr.
(Proffwydi Baal yn gweiddi, sgrechian a tharo'u traed)
    "Ydych chi'n cytuno felly?" gofynnodd Elias.
    "Ydyn," gwaeddasant.
(Proffwydi ac Elias yn meimio yn ôl gofynion y stori.)
    Gosododd y proffwydi ddarn mawr o gig ar bentwr o gerrig a dechrau gweddïo.

"Baal, clyw ein cri, Baal, clyw ein cri. Tyrd â thân, a hwnnw'n dân poeth."
(Gall y proffwydi ddweud hyn ar eich ôl)
Ond ni ddigwyddodd unrhyw beth.
Felly sgrechiodd y bobl, "Baal, clyw ein cri, Baal, clyw ein cri. Tyrd â thân, a hynny'n syth bìn!" Ond ni ddigwyddodd unrhyw beth.
"Efallai ei fod allan efo ffrind? Neu'n siopa ?"
"Neu yn y tŷ bach?" awgrymodd Elias dan wenu.
Aeth proffwydi Baal yn wyllt, yn dawnsio, neidio a sgrechian.
Ond ni ddigwyddodd unrhyw beth.
Aeth oriau heibio.
Yna galwodd Elias yn ddistaw ar ei bobl, "Dowch yma". Ac fe ddaethant. Adeiladodd bentwr o ddeuddeg carreg, yna'r coed ac yn olaf y cig. Yna gofynnodd am raw. Cloddiodd ffos ddofn o amgylch y cerrig a gofynnodd am fwcediad o ddŵr.
"Dŵr," meddai'r bobl. "Mae o'n wallgof."
Tywalltodd Elias y dŵr dros y cig. Sblash.
"Tydi o ddim yn sylweddoli," meddai hen wraig. "Wnaiff o byth goginio fel yna."
Tywalltodd Elias ddŵr am yr ail waith. Sblash. A thrydedd waith. Sblash. Diferodd y dŵr yn araf i lawr i'r ffos ddofn.
"Pan fydd Duw yn ennill y gystadleuaeth," meddai Elias, "NID drwy siawns fydd hynny."
"Yn awr, Dduw," meddai, "dangos i'r bobl hyn dy fod ti'n fyw, mai ti yw'r gorau, mai ti yw'r unig Dduw, mai ti yw'r GWIR DDUW."
A gyrrodd Duw y tân, llyfodd y dŵr fel bwystfil llwglyd. Rhuodd y fflamau o gwmpas y cerrig, y coed, y cig, gan lamu i'r awyr yn goch a melyn.
Pan welodd y bobl hyn, neidiasant mewn syndod.
"Ew!" meddent, "dyna anhygoel."
Plygasant i lawr.
"Mae'n wir. Duw yw'r unig Dduw, y gwir Dduw, Duw yw'r gorau."

Amser i feddwl

Gofynnwch i'r plant feddwl am y stori maent wedi ei chlywed a'i gweld. Gofynnwch iddynt beth maent *wedi* neu beth fyddent *yn* ei benderfynu am Dduw.

Gweddi

Gwahoddwch y plant i ymuno yn y weddi ganlynol drwy ddweud 'Amen' os dymunant wneud hynny.

Annwyl Dduw, helpa ni i wybod dy fod ti'n real a gyda ni, er na fedrwn dy weld â'n llygaid na'th glywed â'n clustiau na'th gyffwrdd â'n dwylo. Diolch mai ti yw'r gwir Dduw, y gorau. Amen.

6 Y FFWRNAIS DANLLYD

Nod Dangos i'r plant fod Duw yn fwy nerthol nag unrhyw un neu unrhyw beth

Sail Beiblaidd Daniel 3

Byddwch angen
Lluniau o bobl bwerus, e.e. prif weinidogion, arlywydd, brenin/brenhines a.y.y.b.
Dillad lliw fflamau i'w gwisgo – coch, oren, melyn – a/neu band pen gyda siapiau fflamau arno fel het

Paratoi
Cyfarwyddwch â sgript y stori, gan ei dysgu os yn bosibl.
Gwisgwch y dillad lliwgar.

Cyflwyniad

Rhagarweiniad
1. Gofynnwch i'r plant pwy yw'r person mwyaf pwerus yn y byd.
2. Gadewch i'r plant edrych ar y lluniau gwahanol sydd gennych a soniwch am frenin o'r Beibl oedd yn credu ei fod yn fwy pwerus na neb arall yn y byd, ond a ddarganfyddu nad oedd hynny'n wir.
3. Dywedwch wrth y plant eich bod am gymryd rhan rhywbeth yn y stori a soniwch amdano (gwisgwch yr het).

Stori
Defnyddiwch y sgript ganlynol i ddweud y stori:
Helô. Dw i'n siŵr nad ydych wedi cyfarfod ffwrnais danllyd sy'n siarad o'r blaen. Rydw i yn arbennig oherwydd fe ddigwyddodd rhywbeth rhyfeddol y tu mewn i mi unwaith. Gadewch i mi ddweud yr hanes wrthych chi:
Rydw i'n gweithio ym Mabilon, gwlad bell iawn o fan hyn, a'r

brenin yno oedd Nebuchadnesar. Am enw yntê? Dw i'n siŵr nad oes yna Nebuchadnesar yma heddiw!

Wel, mae gen i waith pwysig iawn i'w wneud. Dw i'n llosgi sbwriel nad oes neb ei angen – hen grwyn llysiau, dillad sy'n rhy flêr a rhwygedig i wneud clytiau glanhau heb sôn am eu gwisgo eto, pethau wedi malu o gartrefi pobl. Dw i'n siŵr eich bod yn gwybod beth dw i'n feddwl. Unrhyw beth na ellir ei ddefnyddio ac sydd bellach yn sbwriel.

Un diwrnod pan oedd fy nrws ar agor a phobl wrthi'n llwytho sbwriel i mi i'w losgi, clywais dri dyn yn siarad.

"Wyt ti wedi gweld y ddelw mae'r brenin wedi ei chodi? Bron i ddau ddeg saith metr o uchder a thair metr o led. Ac yn aur i gyd! Meddylia am y peth!" meddai un o'r dynion.

"Ia, Shadrach, ac wyt ti'n gwybod beth mae o wedi ei orchymyn?" holodd un arall. "Pryd bynnag y clywn gerddoriaeth arbennig mae'n rhaid i ni i gyd ymgrymu i lawr a'i addoli."

"Ei addoli?" gwaeddoddd y trydydd dyn. "Byth. Dim ond Duw ei hun y dylen ni ei addoli."

"Iawn, Abednego," meddai'r ail ddyn. "Beth wyt ti'n gynnig y dylen ni ei wneud?"

"Wel, Meshach, mae'n rhaid i ni wrthod ymgrymu i'r ddelw, ac os nad yw'r brenin yn hoffi hynny, wel, hen dro. Os cawn ein cosbi bydd Duw yn ein hachub. A hyd yn oed os na wnaiff ein hachub, wnawn ni ddim ymgrymu i ddelw'r brenin, beth bynnag!"

Ac i ffwrdd â hwy, Shadrach, Meshach ac Abednego.

Rai dyddiau'n ddiweddarach, clywais lawer o sŵn o'm cwmpas, ac agorwyd fy nrysau led y pen. Roeddwn yn adnabod y llais oedd yn gweiddi uchaf – y Brenin Nebuchadnesar ei hun!

"Rhowch mwy o lo ar y tân," gorchmynnodd. A gwnaeth y dynion hynny.

"Mwy!" gwaeddodd y brenin. "Llawer mwy!"

Roeddwn yn mynd yn boethach ac yn boethach, nes fy mod saith gwaith poethach nag arfer. Wel, erbyn hyn, roeddwn mor boeth nes fy mod yn beryg. Rydych yn gwybod pa mor ofalus mae'n rhaid bod gyda thân. Agorodd y drysau eto, a disgwyliais weld mwy o sbwriel yn cael ei daflu i mewn. Ond dychmygwch fy arswyd pan daflwyd, nid sbwriel, ond y tri dyn, Shadrach, Meshach ac Abednego i mewn. Roeddynt i gyd wedi eu clymu, ac nid oedd ffordd iddynt ddianc. Petawn i wedi medru oeri yn sydyn, byddwn wedi gwneud hynny, ond roeddwn mor boeth fel bod y milwyr a daflodd y dynion i mewn wedi eu lladd gan y gwres. Ac ni allwn wneud dim i'w helpu.

Yna digwyddodd rhywbeth anhygoel. Nid oedd Shadrach, Meshach ac Abednego wedi eu hanafu o gwbl gyda'm gwres anferthol. Dechreuasant gerdded o gwmpas yn hollol ddianaf. A hyd yn oed yn fwy anhygoel, roedd yna bedwerydd dyn yn cerdded gyda hwy. Pwy oedd o tybed? Ai hwn oedd y Duw mawr, y clywais hwy'n siarad amdano?

Daeth y brenin yn agos ataf a gweiddi, "Shadrach, Meshach ac Abednego, gweision y goruchaf Dduw, dowch allan." Ac fe ddaethant, heb flewyn o'u gwallt wedi ei losgi. Anghredadwy.

Galwodd y brenin ar bawb i wrando arno.

"Mawl fo i Dduw, Shadrach, Meshach ac Abednego. Roedd y dynion yma yn ymddiried ynddo, ac fe achubodd hwy."

A dyna ddiwedd ar hynny. Rydw i yn ôl yn llosgi sbwriel pobl unwaith eto, ac mae popeth yn iawn. Roeddwn i'n credu fy mod yn bwerus iawn pan gefais fy nhwymo mor boeth. Ond ni fyddaf byth mor bwerus â Duw.

Cymhwysiad

1. Esboniwch fod y Brenin Nebuchadnesar wedi sylweddoli bod Duw yn llawer mwy pwerus nag ef. Holwch y plant pam fod hyn yn bod. Beth wnaeth Duw i ddangos ei bŵer yn y stori?
2. Eglurwch i'r plant fod Cristnogion yn credu bod Duw yr un mor bwerus heddiw.

Gweddi

Gwahoddwch y plant i ddweud 'Amen' ar ddiwedd y weddi os ydynt yn dymuno gwneud hynny.
O Dduw Dad, diolch fod gen ti'r pŵer i wneud pethau na all unrhyw berson cyffredin eu gwneud. Amen.

Cân

151, *Caneuon Ffydd* Mae'n Duw ni mor fawr, mor gryf ac mor nerthol

7 PERYGL YN Y FFAU

Nod Helpu'r plant i ddeall fod Duw gyda hwy bob amser ym mha bynnag sefyllfa y byddant ynddo

Sail Beiblaidd Daniel 6

Byddwch angen
Lluniau o ffrindiau personol (mor fawr â phosib)
Ychydig o bropiau syml i helpu'r actorion gwirfoddol

Paratoi
Edrychwch yn ofalus ar y stori yn Daniel 6 ac ar y sgript gan nodi'r mannau lle bydd angen propiau.

Cyflwyniad

Rhagarweiniad
1. Dangoswch eich lluniau i'r plant (gall y rhai yn y cefn weld y lluniau yn fanylach yn nes ymlaen, os nad ydynt yn gallu gweld). Eglurwch iddynt pam eich bod yn mwynhau bod gyda'ch ffrindiau, efallai sut y bu iddynt eich helpu pan oeddech mewn trafferth, ac am yr holl bethau rydych wedi eu gwneud gyda'ch gilydd.
2. Eglurwch i'r plant na all eich ffrindiau, er mor arbennig ydynt, fod gyda chi bob amser, ac na allant helpu bob tro.
3. Eglurwch fod Daniel, dyn y ceir ei hanes yn y Beibl, wedi darganfod nad oes ond un ffrind arbennig sydd ar gael bob amser, ac yn gallu helpu.

Stori
Dewiswch ychydig o wirfoddolwyr i actio'r stori wrth i chi ei hadrodd, gan ddefnyddio'r propiau yn ôl yr angen.

Amser maith yn ôl mewn gwlad bell, dros gannoedd a miloedd o flynyddoedd yn ôl, roedd yna ddyn o'r enw Daniel a brenin mawr o'r enw Darius. Roedd Daniel wedi gweithio i'r brenin ar hyd ei oes, ond yn wahanol i lawer o ddynion eraill yn y palas byddai bob amser yn dweud y gwir.

Hefyd roedd Daniel yn gwybod bod Duw yn ddoeth, yn gryf, yn gariadus; ef oedd y gorau. Bob dydd, bore, pnawn a nos byddai'n siarad gyda Duw fel ffrind, yn sôn am ei ddiwrnod, am broblemau yn y palas, sut fath o dymer oedd ar y brenin, unrhyw beth a phopeth, a gwrandawai Duw.

Roedd y Brenin Darius yn edmygu Daniel ac yn gwrando ar bopeth a ddywedai yn ofalus. Byddai Daniel bob amser yn dweud y gwir ac am fod Duw wedi rhoi cyngor da iddo roedd yn cael syniadau newydd gwych o hyd.

Byddai'r brenin bob amser yn cymryd sylw o'r hyn ddywedai Daniel ac roedd y bobl bwysig eraill yn y palas yn mynd yn fwy a mwy blin.

"Pwy mae o'n feddwl ydi o?"
"Mae'n gwneud i ni edrych yn dwp."
"Dwi'n ei gasáu."

A dechreuasant gasglu at ei gilydd yng nghorneli gerddi'r palas, yn ceisio meddwl am syniadau i gael gwared o Daniel.

O'r diwedd cafodd Wil, un o'r dynion, syniad cyfrwys. Er bod y Brenin Darius yn gwerthfawrogi gonestrwydd Daniel, roedd yn ddyn balch ac yn hoff o glywed pobl yn dweud pethau da amdano.

Un bore, pan oedd Daniel allan ar fusnes pwysig i'r brenin, aeth Wil i mewn i'r ystafelloedd brenhinol, gan daflu ei hun i lawr ar y carped Persiaidd a dweud,

"O Wychder Brenhinol, prin y gallaf anadlu ym mhresenoldeb eich mawrhydi, gadewch i mi lyfu eich traed."

"Wrth gwrs," meddai'r brenin.

"Eich Mawrhydi," aeth Wil ymlaen, "mae'r bobl yn gwybod eich bod yn olygus, yn gryf ac yn ddoeth iawn."

"Ydyn nhw?" gofynnodd y brenin dan wenu.

"Ond efallai nad ydynt yn gwybod yn union pa mor ARDDERCHOG ydych."

Ffromodd y brenin. "Nag ydynt?" holodd.

"Pam na wnawn ni gyfraith newydd sydd yn gorfodi'r bobl i weddïo arnat ti a neb arall am y tri deg diwrnod nesaf?"

"Gwych, gwych," meddai'r brenin. "Fe wnawn hynny."

Gwenodd Wil yn llechwraidd, ymgrymodd a gadael ystafell yr orsedd. Felly erbyn i Daniel ddychwelyd i'r palas, roedd deddf newydd wedi'i hysgrifennu a'i selio gan y brenin ac yn cael ei gorfodi gan leng gyfan o filwyr y palas.

Clywodd Daniel am y ddeddf newydd wrth iddo gyrraedd gatiau'r palas. Croesawodd y brenin ef fel arfer.

Dywedodd wrth Daniel am y ddeddf newydd a ddyfeisiodd ei hun, heb unrhyw gymorth gan Daniel.

"Llongyfarchiadau, f'Arglwydd Frenin," meddai Daniel. "Dwed wrthyf am y ddeddf."

Felly dywedodd y brenin wrtho am y ddeddf, a bod y bobl yn gorfod gweddïo arno ef yn unig.

"A," meddai Daniel, "a beth fydd yn digwydd i'r rhai fydd yn anufuddhau?"

Eglurodd y brenin fod Wil wedi cael syniad da.

"O," meddai Daniel.

"Mae'r ddeddf yn dweud y bydd unrhyw un fydd yn cael ei ddal yn gweddïo ar rywun arall yn cael ei daflu i ffau'r llewod."

"O diar, o diar," meddai Daniel yn ddistaw.

A pharhaodd i ddweud hyn wrtho'i hun wrth fynd adref, siaradodd gyda Duw ac aeth i'w wely.

Yn wir, bu'n dal i ddweud hyn wrtho'i hun, hyd yn oed yn ei gwsg – cwsg yn cael ei aflonyddu gan lygaid gloyw, mwng euraid a dannedd enfawr.

Y bore wedyn, dechreuodd pawb weddïo ar y brenin, ond siaradodd Daniel â Duw.

Yn y nos pan oedd pawb arall yn gweddïo ar y Brenin Darius roedd Daniel yn siarad â Duw.

Roedd gormod o ofn ar y bobl i anufuddhau i'r brenin. Ond ni allai Daniel droi'i gefn ar Dduw, ei ffrind gorau. Wrth gwrs, dyma beth oedd gelynion Daniel yn ei ddisgwyl.

Roedd Wil a rhai o'i ffrindiau wedi mynd yn llechwraidd i dŷ Daniel i ysbïo arno.

Nid oedd Daniel yn cuddio yr hyn yr oedd yn ei wneud.

Eisteddai wrth ei ffenestr agored, yn siarad â Duw yn ôl ei arfer, fel ffrind.

Wedi gweld hyn, aeth ei elynion i ddweud wrth y brenin fod Daniel yn dal i weddïo dair gwaith y dydd. Edrychai'r brenin yn ddifrifol a thrist iawn pan ddywedasant wrtho beth oedd wedi digwydd, ond cytunodd fod Daniel wedi torri'r rheol newydd. Arestiwyd Daniel a'i yrru at y brenin.

Dywedodd Daniel, "Mae'n ddrwg gennyf anufuddhau i ti, f'arglwydd frenin, ond mae Duw yn ffrind rhy dda i droi cefn arno."

Deallai'r brenin hyn, ond atgoffodd Wil ef fod y ddeddf wedi cael ei thorri, deddf a ysgrifennwyd ac a arwyddwyd gan y brenin ei hun.

Dywedodd y brenin wrth Daniel, "Boed i'th Dduw dy achub di."

A rhoddwyd Daniel yn y ffau lle'r oedd y llewod yn byw.

Seliwyd y fynedfa ac aeth y brenin yn ôl i'r palas yn drist iawn.

Drwy'r nos bu'r Brenin Darius yn cerdded yn ôl a blaen yn ei wisg nos.

Yn y bore cyrhaeddodd y brenin fynedfa'r ffau ar doriad gwawr.

"Daniel, Daniel!" gwaeddodd. "Allodd dy Dduw dy achub di?"

"Do, eich mawrhydi," meddai Daniel. "Anfonodd Duw angel i gau safnau'r llewod. Ni wnaethant unrhyw niwed i mi. Tydi hi'n rhyfeddol! Gwyddwn na fyddai Duw yn fy ngadael i lawr."

Roedd y brenin yn falch dros ben o glywed bod ei ffrind yn fyw a rhoddodd orchymyn i Daniel gael ei ryddhau o'r ffau. Rhuai'r llewod yn ffyrnig ond gwelai pawb nad oedd Daniel wedi ei anafu o gwbl.

Dywedodd y brenin, "Fy annwyl Daniel, mae'n rhyfeddol." Mae hyn yn dangos heb amheuaeth mai DUW YW'R FFRIND GORAU wedi'r cwbl.

Cymhwysiad
1. Soniwch am deimladau Daniel pan wnaethpwyd y ddeddf, pan oedd yn ffau'r llewod, a phan na wnaeth y llewod ei anafu.
2. Pwysleisiwch fod Duw gyda ni, fel yr oedd gyda Daniel. Gallwn ymddiried ynddo i'n helpu os gofynnwn iddo.

Cân 'Ble mae Daniel?'

ADRAN 2

RWY'N ARBENNIG

8 RWY'N CYFRI

Nod Dangos i'r plant fod pob un ohonom yn cyfrif fel unigolyn

Sail Beiblaidd Yr Efengylau

Byddwch angen
Cyflenwad o hetiau neu ddillad ar gyfer swyddi gwahanol, e.e. côt wen i feddyg, helmed plismon, het frethyn i ffermwr, llyfr i athro, cloc (ar gyfer rhywun heb swydd ond gydag amser i'w lenwi), tedi i blentyn, bag ysbwriel i ddyn biniau ac offer glanhau i ofalwr.

Paratoi
Cyfarwyddwch â'r storïau o'r Efengylau sydd yn dangos bod pob math o bobl yn cyfri gan yr Iesu (gweler yr enghraifft yn y stori).

Cyflwyniad

Rhagarweiniad
1. Gofynnwch i'r plant pwy yn eu tyb hwy yw'r person pwysicaf yn yr ystafell (maent yn debygol o enwi'r pennaeth).
2. Gwahoddwch rai o'r plant atoch i wisgo neu ddal y dillad.
3. Siaradwch â'r plant am y gwahanol swyddi mae'r bobl hyn yn eu gwneud.
4. Gofynnwch iddynt pa swydd yw'r bwysicaf, a pham?
5. Dywedwch wrth y plant ein bod weithiau'n credu bod rhai pobl yn fwy pwysig nag eraill oherwydd eu swydd. Pan oedd Iesu ar y ddaear fel dyn credai fod pawb yn bwysig. Roedd ganddo amser i'r cyfoethog a'r tlawd, y gwael a'r iach, yr hen a'r ifanc, i'r rhai mewn gwaith a'r rhai oedd yn byw ar y stryd. Roedd pawb yn cyfri gan yr Iesu.

Stori
Ewch ymlaen i sôn am rai o'r storïau o'r Efengylau sy'n darlunio hyn, e.e.
Roedd gan Iesu amser i bawb. Rhannai brydau bwyd gyda'r cyfoethog,

fel Sacheus, y casglwr trethi, oedd yn gyfoethog am ei fod yn twyllo pobl. Aeth Iesu i'w dŷ, ac am fod Iesu wedi dod yn ffrind iddo, rhoddodd Sacheus yr arian a gafodd drwy dwyll i ffwrdd.

Gwelodd Iesu hefyd wraig dlawd iawn yn rhoi'r holl arian oedd ganddi mewn blwch casglu yn y deml, ac fe'i canmolodd am wneud hynny.

Treuliodd Iesu lawer o amser yn gwella pobl wael, fel y dyn â'r llaw ddiffrwyth, neu bobl ddall. Ond fe dreuliodd lawer o amser yn siarad â phobl am Dduw, fel y tro hwnnw y siaradodd â'r pum mil a ddaeth i wrando arno un diwrnod.

Helpodd yr Iesu hen wraig oedd yn ffrind i'w fam, pan oedd yn sâl, a gwnaeth yr un peth i ferch ddeuddeg oed oedd yn marw, pan ddaeth ei thad i chwilio am help.

Siaradodd yr Iesu â phobl wrth eu gwaith, fel Pedr ac Andreas, y pysgotwyr, ac arhosodd i siarad â phobl heb waith fel Bartimeus, oedd yn ddall ac yn gorfod cardota.

Roedd pawb yn cyfri i Iesu.

Cymhwysiad

Dywedwch wrth y plant fod pawb yn dal i gyfri i'r Iesu heddiw. Mae'r Iesu'n poeni am bob un ohonom yma, ac am bob un person yn y byd.

Amser i feddwl

1. Anogwch y plant i fod yn llonydd a chau eu llygaid.
2. Gofynnwch iddynt feddwl sut mae pob person yn bwysig i'r Iesu, beth bynnag fo'i oed, sut bynnag mae'n edrych, beth bynnag y gall, neu na all, ei wneud.

Gweddi

Gwahoddwch y plant i ymuno yn y weddi hon, neu un debyg, drwy ddweud 'Amen' ar y diwedd.
Annwyl Iesu, diolch fod gennyt amser i bawb pan oeddet ar y ddaear – y tlawd a'r cyfoethog, y gwael a'r iach, yr ifanc a'r hen. Diolch i ti hefyd ein bod i gyd yn cyfri i ti heddiw, a'th fod yn caru bob un ohonom. Amen.

9 FI YDW I

Nod Helpu'r plant i ddeall bod Duw yn gwybod popeth amdanom, hyd yn oed yr hyn sydd yn gwneud pob un ohonom yn unigolion unigryw. Fe'n gwnaeth yn arbennig.

Sail Beiblaidd Luc 15; Salm 139

Byddwch angen
Rhyw fath o byped dafad syml, e.e. pyped hosan, pyped bag papur, pyped llwy bren

Paratoi
Paratowch neu prynwch byped.
Dysgwch y stori ac ymarfer ei dweud gan ddefnyddio'r pyped.

Cyflwyniad

Rhagarweiniad
1. Gofynnwch i'r plant a ydynt wedi bod ar goll erioed. Sut digwyddodd hynny? Sut roeddent yn teimlo? Sut daethpwyd o hyd iddynt?
2. Dywedwch wrth y plant eich bod yn gwybod am ddafad a aeth ar goll. Cyflwynwch eich pyped a dywedwch stori'r ddafad.

Stori
Mae Idris y ddafad yn byw ar fferm yng nghysgod mynydd mawr Cader Idris yng ngogledd Cymru, a dyna sut cafodd ei enw. Mae Mr Williams y bugail yn edrych ar ei ôl yn dda, ac yn gofalu bod yr holl ddefaid yn ei braidd yn cael digon o fwyd a gofal.

Mae Mr Williams yn gwybod popeth am bob un o'r defaid – ei henw, ei hoff le i fwyta glaswellt, sut mae'n gorwedd i gysgu'r nos ac, mae'n debyg, am beth mae pob dafad yn meddwl. Meddyliwch am hynny. Nid yw hynny'n anodd gydag Idris, cofiwch. Mae wastad yn breuddwydio am y mynydd mawr sy'n rhannu ei enw, ac am ddringo i'w gopa ac edrych allan dros y môr mawr glas.

Wel, un diwrnod, cafodd Idris ei gyfle. Rhedodd bachgen o'r fferm i ofyn i Mr Williams helpu gyda dafad oedd yn cael tri oen bach. Yn yr amser byr y trodd Mr Williams ei gefn, a'r giât ar agor, dihangodd Idris ar ei antur.

Rhedodd Idris i fyny'r cae nesaf gan wthio ei hun o dan giât oedd wedi torri ryw ychydig. Roedd tipyn o waith dringo i fyny ond roedd yn eitha ffit ac yn benderfynol iawn. Wrth ddringo'n uwch ac yn uwch edrychai'r fferm yn llai ac yn llai, nes i Idris anghofio am weddill y defaid a Mr Williams, y bugail. Hynny ydi, nes iddi ddechrau tywyllu. Crynodd Idris ryw ychydig wrth i'r haul fachlud a'r cysgodion o olau'r lleuad ymestyn ar hyd y mynydd. Roedd yn oer ac ymhell o'r copa a dechreuodd deimlo'n ofnus.

Wrth ymbalfalu i fyny'r mynydd, anghofiodd Idris ganolbwyntio ar y llwybr am eiliad, ac yn sydyn teimlodd ei hun yn syrthio. Ni allai wneud dim, nes iddo lanio'n drwm ar dir creigiog. Ceisiodd Idris godi, ond na! Roedd wedi anafu ei droed wrth syrthio. Dechreuodd grio, ond nid oedd neb i'w glywed yn brefu. Idris druan!

Aeth Mr Williams, y bugail, yn ôl at ei ddefaid ar ôl i'r tri oen bach gael eu geni, a'u rhoi yn ddiogel yn y gorlan. Edrychai popeth yn iawn, ond gwell iddo wneud yn siŵr. Dechreuodd gyfri'r defaid fesul rhif ac enw – "Siani, Neli, Dewi, Gwyn . . . " nes iddo gyrraedd enw Idris. Lle'r oedd Idris? Yn sicr, nid oedd yn y cae. Ond tybed ydych chi'n cofio beth ddywedais yn gynharach, fod Mr Williams hyd yn oed yn gwybod beth oedd pob dafad yn ei feddwl. Dyfalodd ar unwaith lle byddai Idris, gan ei fod yn gwybod popeth am ddiddordeb y ddafad fach yn y mynydd a rannai ei enw. Felly, gan gau'r giât yn dynn ar ei ôl i gadw'r defaid eraill yn ddiogel, cychwynnodd Mr Williams i fyny'r mynydd.

Ni wnaeth Mr Williams synfyfyrio fel Idris ac edrychai'n ofalus ble i roi ei draed. Roedd ganddo fflachlamp gryf i weld y ffordd yn y tywyllwch, a gan ddilyn yr hen lwybrau, dringodd Mr Williams Gader Idris gan alw drwy'r adeg am y ddafad â'r un enw. Dwi'n siŵr y gallwch ddyfalu beth ddigwyddodd.

Daeth Mr Williams o hyd i Idris gan ddringo i lawr ato i'w achub. Gosododd y ddafad y tu mewn i'w gôt, gan fod Idris yn eithaf bychan, a'i gario adref yn ddiogel. Y diwrnod canlynol galwyd y milfeddyg i wella ei droed. Ni wnaeth Idris y ddafad byth wedyn geisio dianc i ben y mynydd a rannai ei enw.

43

Cymhwysiad
1. Eglurwch i'r plant fod Duw yn gwybod am bob un ohonom, yn union fel y gwyddai'r bugail bopeth am Idris, hyd yn oed yr hyn oedd ar ei feddwl. Mae'n gofalu amdanom hefyd, yn union fel y bugail a'i ddefaid.
2. Eglurwch fod Duw yn gwybod am bethau sy'n arbennig i chi, yr hyn sy'n eich gwneud yn wahanol i bawb arall – eich hoff degan, eich hoff le, eich ffrindiau.
3. Eglurwch fod rhywbeth yn wahanol ym mhob un ohonom. Nid oes gan efeilliaid hyd yn oed yr un olion bysedd, a maent yn wahanol mewn ffyrdd eraill hefyd. Mae Duw yn adnabod pob rhan ohonom ac yn ein caru yn union fel yr ydym.

Gweddi
Diolch, Dduw, dy fod wedi ein gwneud yn wahanol. Diolch fod pob un ohonom yn arbennig i ti.

Cân
56, *Glas, Glas Blaned* 'Duw wnaeth bopeth byw'

10 ER MOD I'N DDRWG

Nod Helpu plant i ddeall eu bod yn dal yn arbennig yng ngolwg Duw pan fyddant yn gwneud pethau drwg, er bod y pethau hynny'n brifo Duw ac yn ei wneud yn drist

Sail Beiblaidd Luc 19: 1–9

Byddwch angen
Copi o *Tric Toc* (*Straeon Sali Mali*)
Tri cherdyn mawr a'r geiriau canlynol arnynt '*Hwrê*' '*Dyma fi*' a '*Hyfryd*'

Cyflwyniad

Rhagarweiniad
1. Holwch y plant a ydynt yn gyfarwydd â rhai o *Straeon Sali Mali*. Pa rai? Rhowch ddigon o gyfle i'r plant ymateb.
2. Dewiswch ddarn addas i'w ddarllen – am Jac y Do sy'n twyllo o hyd.
3. Arweiniwch at y stori drwy ddweud eu bod heddiw am glywed am Sacheus, rhywun y cyfarfu'r Iesu ag ef, un oedd yn twyllo a dwyn oddi wrth bobl. Oherwydd hyn nid oedd ganddo ffrindiau.

Stori
Defnyddiwch dri gwirfoddolwr i ddal eich cardiau i fyny er mwyn i'r plant eraill eu gweld ac ymateb wrth i chi ddweud y geiriau canlynol:
Sacheus – cerdyn 'Dyma fi' (codi un bys)
Arian – cerdyn 'Hyfryd' (rhwbio dwylo gyda'i gilydd)
Eglurwch i bawb y gallant helpu gyda'r stori drwy ymuno gyda'r ymateb priodol pryd bynnag y defnyddir y geiriau. Dechreuwch drwy gael ymarfer.

Un tro roedd yna ddyn o'r enw Sacheus, ond galwai'r rhan fwyaf o bobl ef yn 'Pwtyn' am ei fod yn fyr iawn. Er hynny, nid oedd Sacheus yn fyr o un peth, arian. Casglwr trethi oedd Sacheus, a'i waith oedd casglu arian gan bawb, a'i roi i'r bobl oedd yn rhedeg y wlad ar y pryd. Ond roedd Sacheus yn farus a gofynnai am fwy o arian nag a ddylai gan gadw'r gweddill iddo'i hun. Gwyddai'r rhan fwyaf o bobl fod Sacheus yn eu twyllo ac nid oeddent eisiau bod yn ffrindiau iddo, felly roedd yn unig iawn.

Un diwrnod clywodd Sacheus y bobl yn siarad am ymwelydd arbennig oedd ar ei ffordd i'r dref. Iesu oedd enw'r dyn, dyn arbennig yn ôl y bobl, a gwnâi bethau rhyfeddol iawn. Cyffrowyd Sacheus. Roedd eisiau gweld y dyn drosto'i hyn, felly rhedodd ar ôl y dyrfa oedd ar ei ffordd i'w gyfarfod. Yn sydyn, arhosodd y dyrfa yn ei hunfan, a sylweddolodd Sacheus fod Iesu o'i flaen, ond nid oedd posib iddo weld dros yr holl bobl. Gwelodd Sacheus goeden, a chyn bo hir roedd wedi llwyddo i ddringo i fyny un o'r canghennau mawr lle gallai weld popeth.

Ni fu Sacheus yno'n hir cyn i Iesu gerdded o dan y goeden ac aros yno.

"Sacheus, tyrd i lawr," meddai Iesu. "Rydw i eisiau dod i'th dŷ, a siarad â thi."

Wel, bu bron i Sacheus syrthio allan o'r goeden, a chyn bo hir roedd yn arwain yr Iesu ar hyd y ffordd i'w dŷ, tra syllai'r dorf ar yr hyn oedd yn digwydd.

Cafodd Iesu a Sacheus sgwrs hir dros bryd. Ni allai Sacheus gredu cymaint y gwyddai Iesu amdano. Cyfaddefodd bopeth wrth yr Iesu am yr holl ddwyn a wnaeth. Ar ôl y pryd, gwnaeth Sacheus rywbeth syfrdanol. Rhedodd allan at y dyrfa a chyhoeddi, "Os wyf i wedi twyllo unrhyw un ohonoch rydw i am dalu yn ôl bedair gwaith drosodd. Mae'n ddrwg gen i."

Roedd Sacheus mor wahanol ar ôl y diwrnod hwnnw. Rhoddodd hanner ei eiddo i'r tlodion ac ni ddygodd unrhyw arian byth wedyn.

"Wel, am wahaniaeth sydd yn Sacheus ers iddo gyfarfod Iesu," dywedodd pawb.

Cymhwysiad
1. Gofynnwch i'r plant ym mha ffordd y newidiodd Sacheus? Ydi hi'n anodd neu'n hawdd peidio gwneud pethau drwg?
2. Eglurwch fod Iesu wedi ymweld â Sacheus er ei fod yn dwyllwr; roedd yn dal ag amser iddo ac yn poeni amdano.
3. Atgoffwch y plant eu bod yn dal yn arbennig i Dduw, hyd yn oed pan fyddant yn gwneud pethau drwg, ac y gall ef eu helpu i newid fel y gwnaeth Sacheus.

Gweddi
Annwyl Dduw, maddau i ni pan fyddwn yn gwneud pethau drwg – pan fyddwn yn dweud celwydd, yn anghwrtais ac angharedig, pan fyddwn yn ymladd â'n gilydd. Helpa ni i fyw mewn ffordd sy'n dy blesio, Amen.

Cân
Dyn bach oedd Sacheus
75, *Glas, Glas Blaned* 'Mae'n anodd dweud flin gen i'

11 RYDW I WERTH O

Nod Helpu'r plant i weld bod Duw yn meddwl ein bod yn arbennig – mor arbennig fel yr anfonodd Iesu i farw ac i atgyfodi drosom ni

Sail Beiblaidd Marc 14–16, Stori'r Pasg

Byddwch angen
Ŵy Pasg siocled
Tegan meddal anifail (oen, cyw a.y.y.b.)
Symbol y groes (allan o bapur neu bren)
Y geiriau 'Gwag' ar gerdyn mawr
4 cerdyn a'r llythrennau P, A, S, G arnynt
'Mae Duw yn credu mod i werth o' ar bapur neu asetad
Uwchdaflunydd os ydych yn defnyddio asetad

Cyflwyniad

Rhagarweiniad
1. Dewiswch 4 gwirfoddolwr i ddod i sefyll atoch i'ch helpu. Rhowch yr ŵy siocled a'r teganau meddal i rai o'r plant. Holwch y plant ynglŷn â'r hyn maent yn ei hoffi am y Pasg. Yr wyau Pasg tybed? Arwyddion bywyd newydd o'n cwmpas, efallai – ŵyn bach, cywion (y tegan meddal).
2. Ond i Gristnogion mae'r Pasg yn golygu hanes Iesu. Maent yn cofio fel y bu Iesu farw ar y groes (dangos symbol y groes).
3. Roedd Iesu mor arbennig fel nad arhosodd yn farw. Pan aeth ei ffrindiau i'r ogof lle claddwyd ef, roedd y bedd yn wag (cerdyn 'gwag'). Roedd gallu Duw wedi dod â Iesu'n ôl yn fyw, roedd wedi ei atgyfodi.
4. Ewch at bob gwirfoddolwr yn ei dro a rhoi cerdyn iddynt.
P – am yr ŵy Pasg
A – am yr anifail
S – am symbol y Groes
G – am 'Gwag'

Cymhwysiad
1. Eglurwch i'r plant fod Duw yn ein caru gymaint nes ei fod yn barod i anfon ei fab Iesu i farw drosom.
2. Eglurwch ein bod i gyd yn werthfawr i Dduw.

Amser i feddwl
1. Rhowch y geiriau 'Rydw i werth o' i fyny ar bapur neu asetad gan wneud y llythyren 'T' yn debyg i groes.
2. Darllenwch y geiriau gyda'r plant a gofynnwch iddynt feddwl amdanynt am ychydig o eiliadau.
3. Pwyntiwch at y 'T' fel croes ac atgoffa'r plant eu bod mor arbennig fel bod Iesu wedi marw drostynt.

Gweddi
Annwyl Dduw, diolch i ti fod dy gariad atom mor fawr. Diolch nad wyt ti byth yn peidio ein caru. Amen.

Cân
'Hosanna, Hosanna', 'Sôn mae'r Pasg'
38 a 41, *Glas, Glas Blaned*

12 GALLAF EI WNEUD

Nod Dangos i'r plant y gallwn i gyd wneud rhywbeth i Dduw. Mae'n cymryd yr hyn sydd gennym i'w gynnig a'i wneud yn rhywbeth arbennig iddo.

Sail Beiblaidd Ioan 6:1–14

Byddwch angen
Darlun, pêl droed, darn o waith mathemateg, brwsh ysgubo, plât papur a llun o wyneb yn gwenu arno, esgidiau dawns (unrhyw beth sy'n dangos ymdrech gan blentyn i gyflawni rhywbeth neu godi calon rhywun)
Gwirfoddolwyr i feimio
Ychydig o bropiau – pump rhôl o fara neu dorthau bychain a dau bysgodyn (allan o gerdyn) wedi eu gosod mewn bocs neu fasged

Paratoi
Cyfarwyddwch â'r sgript a'r stori Feiblaidd.

Cyflwyniad

Rhagarweiniad
1. Trafodwch gyda'r plant y pethau maent yn mwynhau eu gwneud, neu yn dda am eu gwneud.
2. Defnyddiwch eich eitemau i ddarlunio'r gwahanol sgiliau, gan dynnu sylw at y ffaith fod rhai ohonom yn dda iawn am helpu eraill, bod yn garedig a chyfeillgar, glanhau, codi calon, a.y.y.b. Mae'r pethau yma i gyd yn bwysig.
3. Gofynnwch am 6 gwirfoddolwr i ddod allan i'ch helpu i ddweud y stori: Pedr, Tomos, Iesu, Philip, Andreas, bachgen. Y gweddill o'r plant yw'r dyrfa.

Stori
BWYD CYFLYM I'R PUM MIL
Roedd wedi bod yn ddiwrnod poeth. Pawb yn boeth, chwyslyd a llwglyd.

Roedd y dyrfa wedi bod gyda Iesu drwy'r dydd, yn gwrando arno. Roeddent yn eistedd ar y glaswellt, ar greigiau, o dan y coed, yn y coed, ac weithiau ar ysgall (AW!), ond doedd neb yn poeni.

Teimlent fel petaent yn gallu gwrando ar yr hyn yr oedd gan Iesu i'w ddweud a byth cael digon.

Wrth i'r haul ddechrau machlud, credai'r disgyblion y byddai'r dorf yn mynd adref – ond na.

"Fe ddylai'r plant yna fod yn eu gwelyau," meddai Pedr. (Mae Pedr yn ysgwyd ei fys at y dyrfa wrth ddweud hyn.)

"Fe ddylai'r merched yna fod yn coginio swper i'w gwŷr" meddai Tomos. (Yntau yn ysgwyd ei fys at y dyrfa)

Trawyd ef ar ei ben gan fasged un o'r merched a ddywedodd, "Mae fy ngŵr i yn ddigon abl i goginio ei swper ei hun!"

Daeth rhyw sŵn rwmblan o rywle. Taranau efallai?

Rhwbiodd Pedr ei stumog.

"Mae'n ddrwg gen i," meddai, "mae fy stumog bob amser yn gwneud sŵn pan fyddaf eisiau bwyd." (Pedr yn rhwbio'i stumog)

Chwarddodd y disgyblion eraill ond roedd meddwl am swper yn eu gwneud hwy'n llwglyd iawn.

Wrth i'r Iesu gymryd saib, tynnodd Philip yn ei lawes (Philip a Iesu yn gwneud hyn)

"Mae'r haul ar fin machlud," meddai Philip. "Wyt ti ddim am orffen er mwyn i'r bobl gael mynd?"

Gwenodd Iesu. "Rydym filltiroedd o bobman. Beth wyt ti'n disgwyl i'r bobl ei wneud?"

"Mae'n amser bwyd," meddai Philip. "Mae stumog Pedr yn gwneud sŵn fel llosgfynydd. Rydym angen bwyd, a thithau hefyd, a beth am y bobl? Efallai y cânt fwyd yn y pentrefi a'r ffermydd. Efallai fod yna le bwyd cyflym yn agos," meddai'n betrusgar.

"Bwyd cyflym i bawb sydd yma?" meddai'r Iesu gan chwifio ei freichiau dros y bobl.

"Syniad da. Fedri di gael peth?"

Ni wyddai Philip beth i'w ddweud.

Am y tro cyntaf edrychodd ar faint y dyrfa.

Rhesi o bobl, grwpiau o blant, merched a dynion cyn belled ag oedd posib gweld.

"Be amdani?" gofynnodd yr Iesu.

Gwelwodd Philip. "Oes gen ti syniad beth fydd cost y fath fwyd?" meddai, a'i lais yn crynu.

"Bydd prynu brechdanau i bawb sydd yma yn costio cannoedd o bunnoedd. Dw i'n siŵr fod yna dros bum mil o bobl yma."

Teimlodd Andreas rywun yn tynnu yn ei lawes. Bachgen bach oedd yno. (Andreas a'r bachgen yn meimio)

"Ddim rŵan, fachgen," meddai Andreas. " Rydym yng nghanol argyfwng."

Trodd yn ôl at Iesu a Philip.

"Beth ydi hynny?" holodd y bachgen bach.

"Gair arall am broblem fawr."

"O, mae'n ddrwg gen i," meddai'r bachgen. "Roeddwn yn meddwl eich bod eisiau bwyd."

Plygodd Andreas i lawr ato. Roedd ei wyneb yn lân, ond heblaw am hynny roedd yn fudr iawn. Roedd wedi bod yn eistedd ar y ddaear drwy'r dydd yng nghanol y llwch a'r gwres.

"Beth sydd gen ti?" holodd Andreas.

"Dau bysgodyn mawr, wel, canolig, a phum torth fechan. Alla i byth eu bwyta i gyd fy hun, a mae Mam wedi dweud wrthyf am rannu."

Gafaelodd Andreas yn ei law fach fudr a'i arwain at Iesu.

"Helô," meddai Iesu. " Pwy wyt ti?"

"Bachgen bach sydd eisiau rhannu," meddai Andreas.

"Gofynnwch i bawb eistedd," meddai'r Iesu.

Tra bu'r disgyblion yn trefnu pawb, edrychodd Iesu i mewn i fasged y bachgen bach a gweld y pysgod a'r torthau.

"O Dduw Dad," gweddïodd Iesu gan godi'r fasged, "diolch i ti am y bwyd yma, ac am bob peth yr wyt ti yn ei roi i ni, Amen."

"Amen," meddai'r bachgen.

"Wyt ti am helpu?" gofynnodd Iesu. Nodiodd y bachgen.

"Byddaf angen mwy o fasgedi," meddai wrth y disgyblion.

Aethant i gasglu rhai gan y bobl a dechreuodd Iesu ddidoli'r bara a'r pysgod tra bu'r disgyblion yn eu rhannu ymysg y bobl. Bob tro yr aethant yn ôl am fwy roeddent yn sicr na fyddai digon ar ôl. Ond roedd digon bob tro. Sut oedd hynny'n bosib? O'r diwedd roedd pawb wedi cael bwyd ac wedi dechrau clirio.

"Sut oedd yna fwyd ar ôl?" meddyliodd Philip.

Ond roedd digon ar ôl – llond deuddeg basged.
"Ew!" meddai'r bachgen. "Rwyt ti'n anhygoel, Iesu."

Cymhwysiad

1. Eglurwch wrth y plant fod y bachgen wedi gwneud yr hyn a allai – fe gynigiodd ei ginio i Iesu, ac fe wnaeth Iesu ddefnydd arbennig ohono.

2. Yn yr un modd heddiw, os cynigiwn ni i'r Iesu ein hymdrechion gorau, fe wnaiff eu defnyddio.

Gweddi

Arglwydd Iesu, diolch i ti am yr holl bethau y gallwn eu gwneud – paentio lluniau, ysgrifennu storïau, dawnsio, creu cerddoriaeth, helpu eraill. Helpa ni, os gweli'n dda, i wneud y pethau hyn i gyd i ti, Amen.

13 WRTH I MI DYFU

Nod Helpu'r plant i ddeall eu bod yn arbennig i Dduw wrth iddynt dyfu a newid

Sail Beiblaidd Marc 10:13–16, Luc 13:10–13

Byddwch angen
Llun ohonoch eich hun yn blentyn
Car tegan ac allweddi car
Gwisg *babygro* a siwmper oedolyn
Llyfr ar gyfer baban (un plastig neu glwt, a nofel enfawr)
Beibl

Paratoi
Darllenwch y darnau o'r Beibl, os yn bosib o Feibl i blant, neu symleiddiwch y stori yn eich geiriau eich hun.

Cyflwyniad

Rhagarweiniad
1. Dangoswch eich llun yn fabi i'r plant gan ddisgrifio sut un oeddech chi.
2. Trafodwch sut yr ydych wedi newid – maint, edrychiad a.y.y.b.
3. Dangoswch y car tegan iddynt gan egluro y byddech wrth eich bodd yn chwarae ag ef pan oeddech yn blentyn, ond yn awr yr ydych yn mwynhau gyrru un iawn (dangoswch yr allweddi).
4. Dangoswch y *babygro* a'r siwmper – eglurwch na fedrwch wisgo'r *babygro* erbyn hyn ond fod y siwmper yn ffitio'n berffaith.
5. Dangoswch y llyfr babi a'r nofel enfawr iddynt, gan egluro pam eu bod yn addas ar gyfer y gwahanol gyfnodau.
6. Eglurwch ein bod i gyd yn tyfu allan o wahanol bethau. Rydym i gyd yn newid a phethau gwahanol yn digwydd i ni. Atgoffwch hwy fod Duw yn eu caru – beth bynnag fo'u hoedran a beth bynnag a ddigwydd iddynt.
7. Adroddwch y storïau o'r Beibl sy'n dangos fod gan yr Iesu amser i blant bach ac i hen wraig fach wargam (defnyddiwch Feibl plant neu eich geiriau eich hun).

Amser i feddwl

1. Gofynnwch i'r plant eistedd yn llonydd, cau eu llygaid a meddwl am yr hyn maent wedi ei glywed yn y gwasanaeth.
2. Atgoffwch hwy o sut gwnaeth Iesu drin yr hen wraig a'r plant yr un fath – roedd ganddo amser i'r plant ac amser i wella'r wraig.
3. Wrth iddynt dyfu a newid byddant bob amser yn arbennig i Dduw. Wnaiff o byth beidio â'u caru.

ADRAN 3

FFRIND ARBENNIG

14 MAE DUW EISIAU EIN HELPU BOB AMSER

Nod Helpu'r plant i ddeall y gallwn ofyn i Dduw am help unrhyw adeg. Hefyd dangos iddynt fod Duw yn gryfach nag unrhyw fwli, a bydd bob amser gyda hwy

Sail Beiblaidd Exodus 7–11, Pla'r Aifft

Byddwch angen
Ychydig o bropiau syml i ddweud y stori, e.e. ffon, sgarff goch, llyffant (tegan meddal) a.y.y.b.
Copi o'r rap (gweler drosodd)
Cytgan y rap wedi ei gosod ar asetad neu ar ddarn mawr o bapur

Cyflwyniad

Rhagarweiniad
1. Siaradwch am unrhyw beth sydd raid i chi ei wneud, neu unrhyw sefyllfa yr ydych wedi bod ynddi, a wnaeth i chi fod yn ofnus neu angen help.
2. Holwch y plant a ydynt wedi gorfod gwneud unrhyw beth sydd wedi eu gwneud yn ofnus iawn neu am adeg y bu angen help arnynt. Rhowch amser iddynt ymateb.
3. Rhowch ychydig o gefndir y stori y byddwch yn ei hadrodd i'r plant, e.e. roedd yr Israeliaid, pobl arbennig Duw, yn gaethweision yn yr Aifft; roedd Duw wedi dewis Moses i fynd at Pharo (y brenin) i ddweud wrtho am ryddhau'r bobl.

Stori
1. Dewiswch rai o'r plant i fod yn actorion, i actio stori (gweler drosodd) Moses yn mynd at Pharo a'r plâu.
2. Trafodwch y modd roedd Pharo yn bwlio Moses.
3. Defnyddiwch eich actorion gwirfoddol i symud o gwmpas a defnyddio'r propiau syml wrth i chi ddweud y stori.

Safai Moses a'i frawd Aaron o flaen brenin yr holl Aifft – y Pharo.

"Mae Duw yn dweud, "Gad i'm pobl fynd," meddent wrtho.

Ni ddylanwadodd hyn o gwbl ar Pharo. A dweud y gwir, roedd yn flin iawn. Rhoddodd orchymyn nad oedd yr Israeliaid, oedd yn gaethweision yn yr Aifft, i gael gwellt mwyach i wneud briciau, ond y dylent ei ganfod drostynt eu hunain. Roedd hyn yn newyddion ofnadwy ac aeth Moses ac Aaron oddi yno ar unwaith.

Gwaeddodd Moses ar Dduw yn ei anobaith ac atebodd Duw ef. Dywedodd wrth Moses y byddai'n dangos ei bŵer a gwneud i Pharo ryddhau'r Israeliaid. Dywedodd wrth Moses am fynd yn ôl at Pharo a dweud wrtho y byddai Duw yn anfon trallod mawr arnynt pe na fyddai'n gwneud yr hyn a ofynnai Duw iddo. Felly aeth Moses ac Aaron yn ôl at Pharo a dweud wrtho yr hyn a ddywedodd Duw.

"Dangoswch rywbeth i mi a wnaiff brofi fod Duw wedi eich gyrru," meddai Pharo.

Taflodd Aaron ei ffon i'r llawr, a trodd yn neidr. Ond gallai'r dewiniaid Eifftaidd wneud hyn hefyd a gyrrwyd Moses ac Aaron i ffwrdd.

Gwnaeth Duw yr hyn a ddywedodd. Anfonodd drybini mawr ar yr holl Aifft. Dechreuodd pethau ofnadwy ddigwydd ac ar ôl pob un rhybuddiodd Duw Pharo i wrando arno, ond gwrthododd.

Yn gyntaf trodd y dŵr yn afon Nîl yn goch fel gwaed. Yna heintiwyd yr Aifft gan bla o lyffantod – roeddent ym mhob man. Yna cafwyd heidiau o bryfed a gwybed a dechreuodd yr anifeiliaid farw. Gorchuddiwyd y bobl â chornwydydd ofnadwy a thasgodd cenllysg enfawr o'r awyr. Daeth locustiaid gan fwyta popeth gwyrdd, ac yna tywyllwch llwyr am dridiau. Ond ni adawodd Pharo y bobl yn rhydd.

Yna digwyddodd y peth mwyaf ofnadwy. Un noson bu farw'r mab hynaf ym mhob teulu, hyd yn oed mab Pharo.

Yna cafodd yr Israeliaid yr hawl i adael yr Aifft. A dweud y gwir, ni allai'r Eifftiaid aros i'w gweld yn gadael.

4. Dywedwch wrth y plant eich bod yn gwybod rap am y stori hefyd. Anogwch hwy i ymuno drwy glicio dau fys ar bob dau guriad ac i ddweud y geiriau ymhob cytgan. Rhybuddiwch hwy fod y gytgan olaf yn wahanol.

RAP EIFFTAIDD

Anfonodd Duw Moses at Pharo un dydd,
I ofyn i'r brenin adael ei bobl yn rhydd.
Rhoddodd bŵer i Aaron droi'i ffon yn sarff slic,
Ond Pharo ddywedodd "mae hwnna'n hen dric".

Cytgan:
A Pharo ddywedodd "Na",
Ie, Pharo ddywedodd "Na",
Ie, Pharo ddywedodd "Na, na, na, na, na!"

Newidiodd Duw yr afon yn goch fel gwaed
A channoedd o lyffantod yn y wlad a gaed.
Daethant i'r dref a neidio'n y stryd
A'r pobl a'u cawsant yn eu gwelyau i gyd.

Cytgan:
A Pharo ddywedodd "Na",
Ie, Pharo ddywedodd "Na",
Ie, Pharo ddywedodd "Na, na, na, na, na!"

Daeth y pryfed a'r gwybed o gwmpas y lle
A sŵn aflafar ym mhob pentref a thre',
Y pobl yn crafu ac yn crio'n arw
Am fod yr anifeiliaid i gyd wedi marw.

Cytgan:
A Pharo ddywedodd "Na",
Ie, Pharo ddywedodd "Na",
Ie, Pharo ddywedodd "Na, na, na, na, na!"

Cornwydydd afiach ym mhobman ar eu croen
Boed y bobl yn dew neu'n denau – mewn poen!
Cenllysg o'r nef a'r locustiaid yn bla
Ond Pharo yn dal o hyd i ddweud "Na!"

Cytgan:
A Pharo ddywedodd "Na",
Ie, Pharo ddywedodd "Na",
Ie, Pharo ddywedodd "Na, na, na, na, na!"

Yna gyrrodd Duw dywyllwch drwy'r tir,
Nid oedd modd gweld yr awyr na dim yn glir.
Angel ddaeth lawr a'r cyntaf anedig a drawyd,
A chyn hir drwy'r Aifft sŵn galaru a glywyd.

Cytgan:
A Pharo ddywedodd "Ewch",
Ie, Pharo ddywedodd "Ewch",
Ie, Pharo ddywedodd "Ewch, ewch, ewch, ewch, ewch!"

Cymhwysiad
1. Siaradwch â'r plant am bresenoldeb Duw gyda Moses pan oedd Pharo yn ei fwlio, a sut gwnaeth Duw helpu Moses.
2. Eglurwch fod Duw gyda ni bob amser. Mae ef yn gryfach ac yn fwy nag unrhyw fwli a gallwn bob amser ofyn iddo ef ein helpu.

Gweddi
Diolch i ti, Dduw, dy fod yn gryfach nag unrhyw fwli. Gad i ni gofio hyn pan fo ofn arnom. Diolch dy fod ti wedi addo bod gyda ni bob amser. Amen.

Cân
151, *Caneuon Ffydd* 'Mae'n Duw ni mor fawr, mor gryf ac mor nerthol'

15 MAE DUW BOB AMSER YN MADDAU

Nod Dangos i'r plant fod Duw yn ein caru ac yn maddau i ni pan fyddwn yn ymddiheuro iddo

Sail Beiblaidd Luc 15:11–32, Y mab afradlon

Byddwch angen
Tri phlât papur – un ag wyneb hapus, un ag wyneb trist, un gyda wyneb a golwg genfigennus arno.
Tri cherdyn fflach gyda'r geiriau canlynol:

1. Palu, palu, palu,
   gwaith, gwaith
   chwys, chwys
   ffiw!

2. Cael, cael
   arian, arian
   gwario, gwario
   wedi mynd!

3. Cariad, cariad
   cariad, cariad
   cariad, cariad
   cariad, cariad

Paratoi
Os yn bosibl, darllenwch y stori o gyfieithiad modern o'r Beibl.
Gwnewch y cardiau fflach.

Cyflwyniad

Rhagarweiniad
1. Dangoswch y wynebau ar y platiau i'r plant a thrafodwch yr adegau y buont yn teimlo'n hapus, yn drist, neu'n genfigennus am rywbeth.
2. Gofynnwch iddynt wrando'n astud ar y stori i ddarganfod pryd roedd y bobl yn y stori yn cael y teimladau yma hefyd.

Stori
Dewiswch dri phâr o blant i ddal y cardiau fflach. Ni fydd y plant iau yn gallu darllen y geiriau, ond byddant yn atgoffa'r plant hŷn beth i'w ddweud. Ymarferwch y dywediadau, gan ddysgu'r symudiadau canlynol

i linell olaf pob un:
1 sychwch gefn eich llaw ar draws eich talcen – 'ffiw!'
2 daliwch y ddwy law o'ch blaen a'r cledrau i fyny – 'wedi mynd'.
3 cofleidiwch eich hun – 'cariad'.

Roedd rhai pobl yn cwyno am y math o bobl roedd Iesu yn cadw cwmni iddynt. Roedd Iesu yn cymysgu â phobl nad oedd neb arall yn siarad â hwy. Felly un diwrnod adroddodd Iesu'r stori hon wrthynt:
  Un tro roedd gan ddyn ddau fab. Arhosodd yr un hŷn adref a gweithio'n galed i'w dad.
CERDYN 1
Roedd yr un iau eisiau gadael ei gartref a mynd i weld y byd, felly un diwrnod aeth at ei dad i ofyn am ei siâr ef o'r arian fyddai'n perthyn iddo ef ryw ddiwrnod.
CERDYN 2
Meddyliodd ei dad gymaint roedd yn caru ei fab.
CERDYN 3
Ac, ychydig yn drist, dywedodd, "Iawn, fy mab," a rhoi ei siâr iddo.
  Felly, ar ôl casglu'r arian at ei gilydd, aeth y mab yma oddi cartref ac aeth i ffwrdd i wlad bell. (Arweiniwch y plant sydd yn dal y cerdyn hwn i gefn yr ystafell fel petaent yn mynd ar daith. Holwch y plant a oes ganddynt syniadau am sut y gwariodd yr arian.)
  Am ychydig cafodd lawer o hwyl yn gwario'r arian – prynu beth bynnag a fynnai, prynu dillad newydd a bwyta'r bwyd gorau, cael partïon a phrynu pethau i'w ffrindiau newydd. Yna un diwrnod rddaeth yr arian i ben.
CERDYN 2
Felly bu rhaid i'r dyn ifanc chwilio am waith a chafodd swydd ar fferm, yn edrych ar ôl y moch. Ar ôl ychydig o amser yn y wlad honno, nid oedd digon o fwyd i bawb, ac roedd y dyn ifanc yn llwglyd iawn, iawn. Yn wir, roedd mor llwglyd nes ei fod bron â bwyta bwyd y moch. Wyddoch chi, pan fydd yna weddillion bwyd ar ôl cinio ysgol, maent yn cael eu rhoi mewn bwced i fwydo'r moch. Meddyliwch am y peth. Roedd y bachgen yma mor llwglyd fel y byddai wedi bwyta gweddillion ffa pob a phwdin siocled a sglodion a pizza a iogwrt i gyd yn gymysg â'i gilydd! Yn sydyn sylweddolodd pa mor wirion roedd wedi bod. Felly penderfynodd fynd adref.
  Roedd gryn bellter o'i gartref ond fe welodd ei dad ef a rhedeg

i'w gyfarfod. Penliniodd y mab o flaen ei dad a dechrau siarad. "Mae'n ddrwg gen i am yr hyn yr wyf wedi ei wneud; nid wyf werth fy ngalw'n fab i ti. Gaf i ddod yn ôl fel un o'th weision?" Ond cyn iddo orffen siarad, cofleidiodd ei dad ef.
CERDYN 3
Gwaeddodd ar bobl i ddod â'i ddillad gorau i'w fab eu gwisgo, i roi esgidiau am ei draed a modrwy ar ei fys, ac i baratoi bwyd ar gyfer parti. Carai y tad ei fab gymaint fel ei fod yn maddau popeth iddo.
CERDYN 3
Pan glywodd y mab hŷn am hyn roedd yn flin iawn.
CERDYN 1
"Chefais i rioed yr un parti!"
     "Dw i'n gwybod hynny," meddai'r tad. "A rwyt yn gwybod fy mod yn dy garu dithau gymaint hefyd."
CERDYN 3
"Roedd dy frawd ar goll, ond yn awr mae wedi dod yn ôl atom, felly rhaid oedd cael parti gan fy mod yn ei garu cymaint."
CERDYN 3

Cymhwysiad
Trafodwch y teimladau hapus, trist, a chenfigennus yn y stori.
a) Ar y dechrau roedd yr arian yn gwneud y mab iau yn hapus iawn; roedd y tad yn hapus iawn pan ddaeth ei fab adref yn ôl.
b) Gwnaeth y mab iau ei dad yn drist drwy adael ei gartref; gwnaeth y mab hŷn ef yn drist drwy fod yn flin pan ddaeth ei frawd yn ôl adref.
c) Roedd y brawd hŷn yn genfigennus o'r ffordd roedd ei dad yn trin ei frawd iau.
     Mae yna rai pethau yr ydym yn eu gwneud sy'n brifo pobl eraill a Duw. Mae Duw fel y tad yn y stori. Mae'n maddau i ni pan fyddwn yn dweud 'mae'n ddrwg gen i' ac yn dal i'n caru ni.

Gweddi
Defnyddiwch y weddi hon neu rywbeth tebyg:
Annwyl Dduw, mae'n ddrwg gennym frifo pobl eraill a thi drwy wneud pethau drwg. Maddau i ni, os gweli'n dda, a helpa ni i wneud y pethau hynny sy'n dy blesio, Amen.

Cân
75, *Glas, Glas Blaned* 'Mae'n anodd dweud "flin gen i"'

16 MAE DUW BOB AMSER YN ATEB

Nod Dangos i'r plant fod gweddi yn cael ei hateb

Sail Beiblaidd Actau 12:1–11, Pedr yn cael ei ryddhau o'r carchar

Byddwch angen
Drysau – fel y rhai isod

Paratoi
Copïwch y drysau drwy eu llungopïo ar gerdyn A4 tenau neu, os yn bosib, eu chwyddo i faint A3.
Torrwch y drysau rhifau 1–3 fel eu bod yn agor. Yna gludwch y lluniau i gyd ar ben ei gilydd, gyda llun Rhoda ar y gwaelod, yna'r tri drws yn ôl maint fel bod y drws mwyaf ar y top.
Caewch y drysau i gyd ar y dechrau, fel y gallwch eu hagor fesul un wrth ddweud y stori.
Gallwch liwio'r darluniau os dymunwch.

Cyflwyniad

Rhagarweiniad
Dechreuwch drwy ofyn i'r plant pwy sy'n eu helpu pan fyddant yn ofnus, yn unig, neu'n bryderus?
A ydynt yn siarad â rhywun am eu hofnau?

Stori
1. Gofynnwch i'r plant eich helpu i ddweud stori am ryw bobl fu'n siarad â Duw pan oedd angen help arnynt.
2. Bob tro y byddwch yn dweud 'gweddi', 'gweddïo', 'gweddïau', 'gweddïodd' maent i ddweud 'Helô Duw'.
3. Wrth ddweud y stori defnyddiwch y drysau i ddangos sut y dihangodd Pedr, gan adael amser i'r plant ymuno yn yr ymateb 'Helô Duw', ond heb ddisgwyl yn rhy hir os ydynt wedi ymgolli yn y stori.

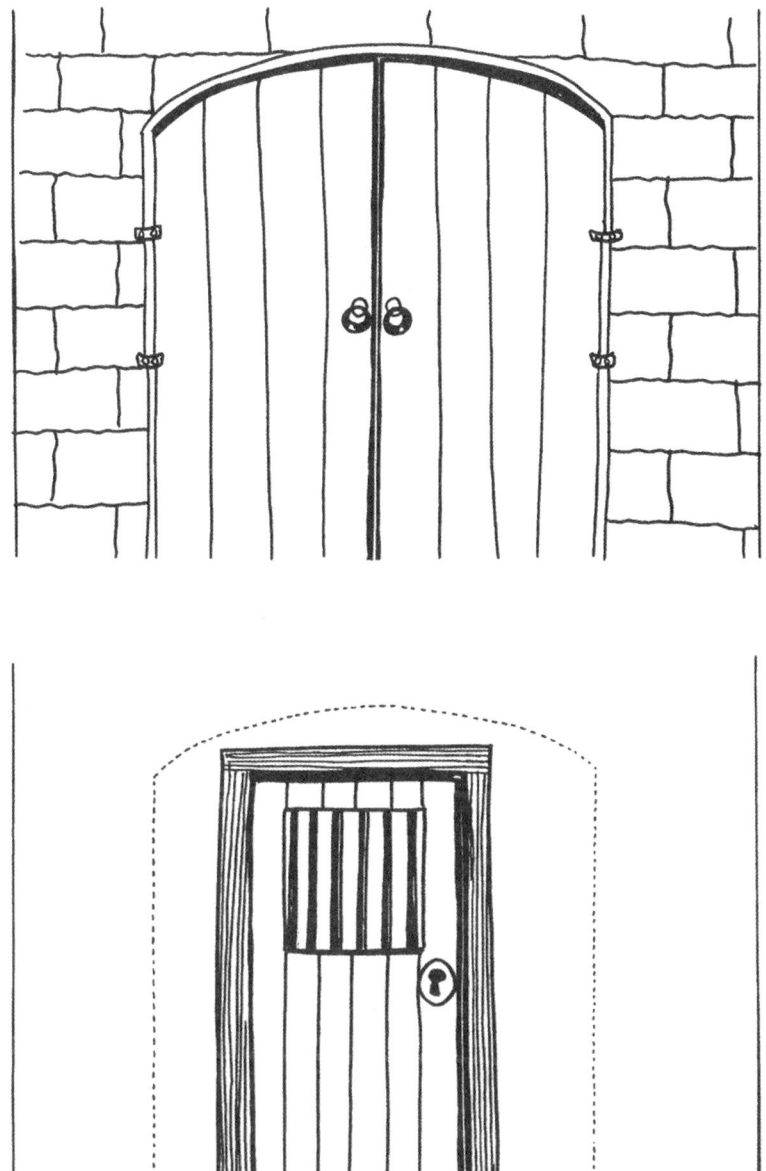

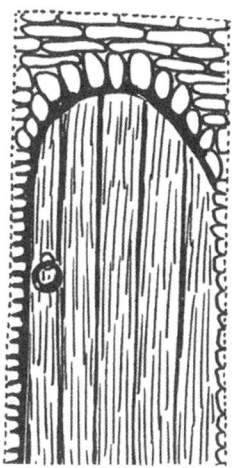

Gwyrodd Pedr ei ben a cheisio cysgu. Nid oedd yn hawdd cysgu pan oedd yn eistedd rhwng dau filwr gyda'i ddwy law ynghlwm. Gwyddai fod ei ffrindiau'n gweddïo ('Helô Duw') drosto, ond beth allai Duw ei wneud yn awr? Yn sydyn, fel roedd Pedr yn pendwmpian, teimlodd rywun yn ei ysgwyd. "Côd, Pedr. Clyma dy wregys, rho dy glogyn amdanat, a'th esgidiau, a dilyn fi." Yno, o'i flaen, roedd angel. Credai Pedr ei fod yn breuddwydio.

Yna digwyddodd rhywbeth rhyfedd. Wrth i Pedr ddilyn yr angel cerddasant heibio i'r milwyr ar ddyletswydd, ac agor y drws (agorwch y drws cyntaf). Digwyddodd yr un peth wrth iddynt gyrraedd drws allanol y carchar (agor y drws nesaf) a daeth Pedr allan i'r stryd. Edrychodd o'i gwmpas a gweld fod yr angel wedi diflannu.

Meddyliodd Pedr ar unwaith am y ffrindiau oedd yn gweddïo ('Helô Duw') drosto. Cychwynnodd yn y tywyllwch i gyfeiriad tŷ Mair, lle'r arferent gyfarfod. Pan gyrhaeddodd y tŷ, cnociodd ar y drws a disgwyl. O'r diwedd daeth morwyn o'r enw Rhoda a chraffu'n ofalus drwy gil y drws (dechreuwch agor y drws olaf). "Pwy sydd yna?" sibrydodd.

"Fi, Pedr, sydd yma, gad fi mewn," meddai yntau.

"Ond mae Pedr yn y carchar, rydym i gyd yma yn gweddïo ('Helô Duw') drosto," meddai Rhoda.

"Ond mae Duw wedi ateb eich gweddïau ('Helô Duw'). Gyrrodd angel i'm helpu i ddianc," eglurodd Pedr.

"Dyna wych," meddai Rhoda, a chyn i Pedr gael cyfle i wneud dim roedd wedi cau'r drws a rhedeg i fyny'r grisiau i ddweud y newyddion wrth bawb.

Bu rhaid i Pedr druan gnocio a chnocio nes i rywun gredu Rhoda a daeth hithau i lawr unwaith yn rhagor i adael Pedr i mewn (agorwch y drws yn llawn i ddangos Rhoda). Gwrandawodd pawb yn astud ar stori Pedr, ac yna diolchasant i Dduw am ateb eu gweddïau ('Helô Duw') mewn ffordd mor arbennig.

Cymhwysiad
1. Gofynnwch i'r plant beth fyddai ffrindiau Pedr wedi gofyn i Dduw ei wneud.
2. Dywedwch wrth y plant fod Duw weithiau yn gwneud llawer mwy nag y gallwn ei ddychmygu, ac yn ateb ein gweddïau mewn ffyrdd anhygoel.

3. Dywedwch wrthynt fod Duw weithiau yn dweud 'na' am yr hyn y gofynnwn amdano. Efallai na allwn ddeall pam: mae'n rhaid i ni ymddiried ei fod yn gwybod beth sydd orau i ni.

4. Atgoffwch nhw mai un peth y gallwn fod yn sicr ohono yw fod Duw bob amser yn clywed ein gweddïau ac yn eu hateb, hyd yn oed pan fo'r ateb yn 'na' neu 'ddim eto'.

Gweddi

Ar ôl y stori hon efallai y bydd yn addas gofyn i'r plant am rywbeth penodol y gallent ofyn i Dduw amdano, un ai iddynt hwy eu hunain neu unrhyw beth sy'n berthnasol – yn lleol neu'n genedlaethol.

Cân

74, *Glas, Glas Blaned* 'Pan rwy'n teimlo'n drist neu glaf'

17 GALL IESU WNEUD UNRHYW BETH – YMDDIRIEDA YNDDO

Nod Dangos i'r plant fod gan Iesu'r pŵer i wneud unrhyw beth ac na wnaiff byth ein gadael i lawr

Sail Beiblaidd Mathew 14:22–32, Iesu'n cerdded ar y dŵr

Byddwch angen
Y llythrennau AMHOSIBL wedi eu hysgrifennu'n unigol ar dudalennau A4 sydd yn ddigon mawr i bawb eu gweld.
Cyfres o gwestiynau cwis
Papur gyda dau doriad i lawr y canol
Neges fer wedi ei hysgrifennu, a rhywbeth i'w osod ar gefn plentyn, e.e. tâp, pin a.y.y.b.

Cyflwyniad

Rhagarweiniad
1. Defnyddiwch y cwis canlynol i gyflwyno'r gwasanaeth. Chwaraewch y cwis drwy ofyn i'r plant ddyfalu'r ateb un gair i'r cwestiynau canlynol. Cymerwch lythyren gyntaf y gair cywir a gofyn i'r plentyn sydd wedi ateb yn gywir ei ddal i fyny yn y blaen.

1.   A – yn groes i 'mewn' (ALLAN)
2.   M – mae'n helpu pan fyddwch ar goll (MAP)
3.   H – rydych yn ei gwisgo ar eich pen (HET)
4.   O – mae'n grwn ac yn troi (OLWYN)
5.   S – diwrnod cyntaf yr wythnos (SUL)
6.   I – aderyn sydd yn byw ar fferm (IÂR)
7.   B – rydym yn dysgu am Dduw gyda'r llyfr hwn (BEIBL)
8.   L – llysieuyn mewn salad (LETYS)

Darllenwch y gair gyda'ch gilydd.

2. Sialensau amhosibl
Eglurwch fod rhai pethau'n amhosibl eu gwneud. Dyma rai enghreifftiau (gofynnwch am dri gwirfoddolwr i roi cynnig ar y tasgau):
Torri papur gyda dau doriad i lawr y canol gan afael mewn un ochr yn unig
Darllen nodyn sydd ar eich cefn
Codi eich hunain i fyny

Stori
Bu Iesu'n dysgu'r bobl am amser hir. Dywedodd wrth ei ddisgyblion am fynd i ochr arall y llyn yn y cwch.
(y cwch yn gadael – SBLASH)
　　Aeth Iesu o'r neilltu i weddïo.
　　Roedd hi'n hwyr y nos ac ar y cwch roedd rhai'n cysgu ac eraill ar wyliadwriaeth.
(pobl yn cysgu – CHCHCH)
　　Gwelodd un dyn ar wyliadwriaeth rywun yn cerdded ar y dŵr.
(edrych ar rywun yn cerdded ar y dŵr – AA – YSBRYD!)
　　Ond Iesu oedd yno, a dywedodd, "Peidiwch ag ofni – fi sydd yma."
　　Pan wnaethant sylweddoli mai'r Iesu oedd yno fe wnaethant ymlacio ychydig.
　　Teimlai Pedr ychydig yn ddewr a dywedodd, "Gad i mi ddod atat ti."
　　"Iawn," meddai Iesu. "Tyrd a cherdda gyda mi."
(Pedr yn cerdded ar y dŵr – WOW!)
　　Roedd Pedr bron â chyrraedd Iesu pan dynnodd ei lygaid oddi arno am ennyd, a dechreuodd suddo.
(Pedr yn suddo – O NA!)
　　Estynnodd Iesu ei law a thynnu Pedr o'r dŵr.
(Pedr yn cael ei dynnu o'r dŵr – LLLWWP – rhyddhad – FFIW!)
　　Dywedodd Iesu, "O, ychydig ffydd sydd gennyt."
　　Dw i'n meddwl fod Pedr wedi anghofio ymddiried yn yr Iesu sy'n gallu gwneud unrhyw beth.

Cymhwysiad
Siaradwch am:
1. Sut y gall Iesu wneud yr amhosibl oherwydd mai mab Duw ydyw.
2. Sut y gall ef ein helpu ni.
3. Er bod ein ffrind gorau, ein rhieni a'n hathrawon weithiau yn ein siomi, ni wnaiff Iesu byth wneud hynny.
4. Sut mae'n rhaid i ni ymddiried ynddo.

Casgliad
1. Gwahoddwch yr un tri phlentyn yn ôl.
2. Y tro yma, wrth iddynt geisio torri'r papur, darllen beth sydd ar eu cefn, neu godi eu hunain i fyny, gallwch eu helpu. Gwneud yr amhosibl yn bosibl.
3. Ochr yn ochr â hyn, eglurwch mai drwy ofyn i'r Iesu am gymorth y mae'n gallu ein helpu i wneud yr amhosibl yn bosibl. Mae'n bwysig egluro nad yw hyn yn golygu y bydd Iesu yn cael gwared o'n problemau, ond yn hytrach bydd yn ein helpu drwyddynt.

Gweddi
Annwyl Dduw, diolch iti dy fod yn gallu gwneud yr amhosibl. Helpa ni i gofio dy fod yna bob amser i'n helpu. Amen.

18 MAE IESU BOB AMSER YN GWRANDO

Nod Helpu'r plant i ddeall bod Iesu'n gwrando pan fyddant yn siarad ag ef. Mae'n hapus i glywed ein gweddïau

Sail Beiblaidd Ioan 3:1–21 Iesu a Nicodemus

Byddwch angen
Casgliad o bethau sy'n gwneud sŵn, e.e. cwpan a soser, cloc larwm, amserydd coginio, cloch, radio, a.y.y.b.(ceisiwch gynnwys rhywbeth sydd yn siarad, fel radio, chwaraeydd CD neu dapiau, neu degan sy'n siarad). Bocs dwfn i ddal eich pethau, gyda thwll yn un ochr sy'n ddigon mawr i'ch dwylo fynd i mewn iddo

Cyflwyniad

Rhagarweiniad
1. Dechreuwch y gwasanaeth gyda gêm wrando.
Gofynnwch i'r plant wrando'n ofalus ar y pethau yn eich bocs, gan ofalu na allant weld i mewn iddo.
Rhowch eich dwylo yng nghefn y bocs – drwy'r twll. Gwnewch sŵn gyda phopeth yn ei dro.
Wrth i'r plant ddyfalu'n gywir, dowch â'r pethau allan o'r bocs. Gadewch y teclyn siarad tan y diwedd. Tybed all y plant glywed unrhyw eiriau penodol?
2. Trafodwch gyda'r plant a ydynt yn wrandawyr da neu beidio. Mae yna adegau pan mae gwrando'n bwysig. Trafodwch eich teimladau pan nad yw pobl yn gwrando arnoch.

Stori
Yr ymwelydd cyfrinachol
Darllenwn yn y Beibl am ddyn yn dod at yr Iesu, eisiau i Iesu wrando ar ei gwestiynau a'u hateb.
Adroddwch stori Nicodemus yn dod at Iesu yn y nos (gweler drosodd).

Pwysleisiwch gymaint roedd Nicodemus eisiau siarad â Iesu, a pha mor awyddus oedd Iesu i wrando arno.

Athro oedd Nicodemus. Roedd wedi clywed llawer am Iesu, ac roedd eisiau siarad ag ef. Ond nid oedd eisiau i bobl eraill ei weld, felly daeth ato ar ôl iddi nosi.

"Rydym yn gwybod dy fod wedi dy anfon gan Dduw," dechreuodd Nicodemus. "Ni fedrai neb wneud y pethau rhyfeddol rwyt ti yn eu gwneud heb gymorth Duw." Gwyddai'r Iesu beth oedd y cwestiynau oedd ym meddwl Nicodemus.

"Rwyt ti'n athro da," meddai Iesu, "ond mae gennyt lawer o wersi i'w dysgu eto. Rwyt ti eisiau plesio Duw, ond tydi bod yn dda ddim yn ddigon. Bydd rhaid i ti gael dy aileni i fwynhau teyrnas Dduw."

"Beth wyt ti'n ei feddwl?" gofynnodd Nicodemus.

"Rwyt ti angen cychwyn o'r newydd – bywyd newydd," atebodd Iesu," y bywyd yr wyf i wedi dod i'w roi i ti. Rwyt ti'n gweld, mae Duw yn caru'r byd gymaint nes ei fod wedi gyrru ei fab. Mae pawb sydd yn ymddiried ynof yn cael y bywyd newydd yma."

Roedd hi'n dywyll y tu allan, ond y tu mewn roedd y lamp yn disgleirio.

"Mae goleuni Duw yn disgleirio yn y byd," meddai Iesu, "ond mae'n well gan bobl fyw yn y tywyllwch gan fod y goleuni'n dangos y drygioni maent yn ei wneud."

Cymhwysiad

1. Gofynnwch i'r plant sut roedd Nicodemus yn teimlo wrth i'r Iesu eistedd a gwrando arno.
2. Atgoffwch hwy fod Iesu'n dal i wrando wrth i ni siarad ag ef yn ein gweddïau. Mae ef mor arbennig fel ei fod yn gwybod yr hyn mae pawb yn ei ddweud, hyd yn oed os ydynt yn siarad ar yr un pryd. Mae'n gwrando ym mha le bynnag y byddwn, a bob amser yn ateb.

19 MAE IESU BOB AMSER AR GAEL

Nod Helpu'r plant i ddeall fod Iesu wedi addo bod gyda hwy bob amser, ble bynnag y byddant

Sail Beiblaidd Mathew 28:16–20 ac Actau 1:1–9, Iesu'n dychwelyd i'r nefoedd.

Byddwch angen
Cerdyn *Forever friends*
Pyped pen lolipop

Paratoi
Gofynnwch i rywun ysgrifennu cerdyn o'r gyfres *Forever Friends* i chi sy'n dweud ffarwél wrthych am ei fod yn gadael yr ardal.
Gwnewch eich pyped pen lolipop gan ddefnyddio dau gylch o gerdyn, un ag wyneb hapus ar gefndir melyn a'r llall ag wyneb trist ar gefndir glas. Gludwch y ddau gerdyn at ei gilydd gan osod pren lolipop neu bren tebyg rhwng y ddau.

Cyflwyniad

Rhagarweiniad
1. Dangoswch y cerdyn i'r plant gan bwysleisio ei fod o'r gyfres *Forever Friends*.
2. Trafodwch eich teimladau am fod y ffrind yn gadael. Eglurwch y gallwch gadw mewn cysylltiad drwy lythyr, ffôn neu e bost, er na fyddwch efallai yn gweld eich gilydd eto.
3. Gofynnwch i'r plant a ydynt wedi gorfod ffarwelio â ffrind, a thrafodwch eu teimladau. Cymharwch hyn â theimladau'r disgyblion wrth iddynt gyfarfod i ffarwelio â'r Iesu.

Stori
Adroddwch stori'r esgyniad (mae fersiwn syml i'w chael isod) gan

ddefnyddio'r pyped i ddangos teimladau trist y disgyblion wrth i'r Iesu eu gadael, a'r teimladau hapus wrth i'r Iesu addo bod gyda hwy bob amser drwy ei ysbryd.

Roedd Iesu a'i ffrindiau i gyd wedi mynd i le a elwid yn Fynydd yr Olewydd. Roedd tua chwech wythnos wedi mynd heibio ers i Iesu ddod yn fyw yn ei ôl ar ôl marw, ac yn awr yr oeddynt i gyd gyda'i gilydd i ddweud eu ffarwél olaf wrth yr Iesu. Teimlent i gyd yn drist (dangoswch ochr drist y pyped).

Dechreuodd Iesu ddweud rhywbeth arbennig a chyffrous. Addawodd y byddai Duw cyn bo hir yn anfon rhywun i'w helpu, sef ei Ysbryd. Byddai Ysbryd Duw yn eu helpu i fod yn ddewr ac i ddweud wrth bobl eraill beth roedd Iesu wedi ei ddweud a'i wneud. Roeddynt am ddweud wrth yr holl fyd. Teimlai ei ffrindiau ychydig yn hapusach wrth glywed y newyddion yma (dangoswch y wyneb hapus).

Ar ôl i Iesu orffen siarad fe aeth i fyny i'r nefoedd. Wrth i'w ffrindiau wylio cuddiwyd ef gan gwmwl. Yna'n sydyn roedd dau ddyn wedi eu gwisgo mewn gwyn yn sefyll yn eu hymyl ac yn dweud bod Iesu wedi mynd yn ôl i'r nefoedd i fod gyda Duw, ond y byddai'n dod yn ôl ryw ddydd.

(Defnyddiwch yr ochr hapus a thrist – trafodwch sut byddent yn teimlo wrth wylio'r Iesu'n mynd ac yna wrth wrando ar yr hyn a ddywedodd wrthynt.)

Cymhwysiad

1. Sylweddolodd y disgyblion ar ôl i'r Iesu fynd yn ôl at Dduw na allent ei weld, ei glywed na'i gyffwrdd. Ond addawodd Iesu y byddai gyda hwy bob amser.
2. Yn yr un modd ni allwn weld Iesu yn awr gyda'n llygaid ond mae gyda ni yn yr Ysbryd Glân.
3. Pan fyddwn yn gofyn i Iesu fod yn ffrind i ni, mae fel *Forever Friend*, gyda ni, nid yn unig yn awr, ond am byth.

ADRAN 4

LLYFR ARBENNIG

20 SILFF LYFRAU

Nod Egluro i'r plant ychydig o'r hyn sydd yn y Beibl

Sail Beiblaidd Y Beibl

Byddwch angen
Tair set o fyrddau dwbl yn debyg i Feibl, atlas ffordd a llyfr o storïau tylwyth teg
Tri oedolyn gwahanol i ddarllen y rhannau gwahanol, ac un arweinydd

Paratoi
Gwnewch y byrddau dwbl o gardfwrdd fel eu bod yn ffitio dros ysgwyddau'r sawl fydd yn eu gwisgo.

Cyflwyniad

Stori
Beibl yn sefyll yn y canol a'r atlas ffordd yn dod i mewn gan wneud sŵn car a tharo yn erbyn y Beibl.
BEIBL: Aw! Roedd hynna'n brifo. Pwy wyt ti? Beth wyt ti'n wneud ar y silff yma?
ATLAS FFORDD: Atlas ffordd ydw i – alli di ddim gweld? (mwy o sŵn car) Dw i'n bwysig iawn – mi fyddet ar goll hebddof i. Gall fy mapiau i fynd â thi i ble bynnag y mynni (enwi rhai enwau lleol o ddiddordeb). Gallaf fynd â thi i dŷ dy nain os yw hi'n byw yn bell i ffwrdd. Gallaf fynd â thi i ben arall y wlad. Paid byth â chychwyn ar siwrne hebddof! Ac rwyf ar gael am bris arbennig yn W H Smith yr wythnos hon. Felly – dyna ti! (mae'n gadael y llwyfan)
BEIBL: Swnio'n ddiddorol ond mae gennyf i fapiau ynof hefyd, er nad o'r wlad hon – maent o wledydd pell i ffwrdd, ond arbennig iawn. Rŵan, pwy sy'n dod ar hyd y silff eto? (y llyfr o storïau tylwyth teg yn dod i mewn)
STORÏAU TYLWYTH TEG: (yn darllen teitl y Beibl) Y Beibl – hy! dw i'n siŵr nad oes neb o'r plant wedi dy ddarllen di ers oes! Dw i allan bob

nos – amser gwely – fi yw eu hoff lyfr! Dw i'n llawn o anturiaethau – Hugan Fach Goch, yr Hwyaden Hyll, Dillad Newydd y Brenin ac yn y blaen . . . storïau cyffrous am bobl a phethau pwysig. A HEFYD dwi'n llawn lluniau (mynd allan).

BEIBL: Tydw i ddim yn hoffi torri ar draws, ond rydw i hefyd yn llawn storïau – ond mae fy rhai i yn wir. Maent yn storïau cyffrous, yn llawn antur, am bobl arbennig a phethau pwysig. Mae llyfrau eraill yn mynd a dod, ond rydw i'n bodoli o'u blaenau. A dweud y gwir, rydw i wedi gwerthu mwy o gopïau nag unrhyw lyfr arall sydd wedi ei gyhoeddi erioed. Helpodd Duw lawer o bobl i'm hysgrifennu, ac maent i gyd yn dweud y stori bwysicaf erioed: fod Duw yn caru ei bobl yn fawr iawn. Edrychwch – mae rhywun yn dod i'm darllen (yn mynd allan).

Cymhwysiad

ARWEINYDD: Llyfr arbennig gan Dduw i ni yw'r Beibl, fel y clywsom. Mae llawer o fathau o storïau gwahanol ynddo.

Oes gan rai ohonoch Feibl yn eich cartrefi? Pwy sydd wedi darllen y Beibl? Pa storïau rydych chi'n gwybod amdanynt o'r Beibl?

Dangoswch iddynt ble mae rhai o'r storïau i'w cael yn y Beibl, e.e. Stori Noa (Genesis 6–9), Dafydd a Goliath (1 Samuel 17), geni'r Iesu (Luc 2), a'r ddafad golledig (Luc 15).

Gallwch ddefnyddio Beibl plant gyda lluniau lliw ynddo.

Gweddi

Diolch i ti, Dduw, am yr holl storïau gwahanol sydd yn y Beibl, ac am yr hyn a ddywedant wrthym amdanat.

21 EDRYCH YMA!

Nod Dangos fod y Beibl fel lamp

Sail Beiblaidd Salm 119:105

Byddwch angen
Fflachlamp ar ffurf ysgrifbin
Llun/model o oleudy
Fflachlamp fawr
Golau bach nos neu lamp ynni isel
Golau llachar i gynrychioli sbotolau
Estyniad trydan er mwyn plygio'r lampau i mewn yn hawdd

Cyflwyniad
Dangoswch y goleuadau gwahanol fesul un gan egluro'u defnydd. Gofynnwch i'r plant ddweud y gair neu'r sŵn (sydd mewn print bras) sydd yn ein hatgoffa o'i ddefnydd, ond un waith yn unig – rhag i bethau fynd dros ben llestri.
1. Y fflachlamp fach
Mae'n cael ei defnyddio gan feddyg i edrych i lawr y gwddf. Gall edrych i lawr gwddf rhywun i ddangos problemau. Gall y deintydd hefyd ddefnyddio'r fflachlamp i ddangos problemau pan mae dant angen ei lenwi. Pan mae'r meddyg a'r deintydd yn darganfod unrhyw broblem gallant wneud rhywbeth i'w wella.
AAH!
2. Y goleudy
Mae'n dangos perygl drwy fflachio i rybuddio llongau am greigiau peryglus. Heb oleudy, ni fyddai capten y llong yn gweld y creigiau a byddai efallai'n dryllio'r llong ar y creigiau.
HELP!
3. Y fflachlamp fawr
Pan ewch i'r theatr neu'r sinema, mae gan rai o'r gweithwyr yno fflachlampau i ddangos y ffordd i'ch sedd pan mae'r lle yn dywyll. Heb eu cymorth mae'n bosib y byddech yn baglu, neu'n mynd i'r sedd

anghywir, neu hyd yn oed yn eistedd ar hufen iâ rhywun!
AW!
4. Y golau nos
Dydy rhai pobl ddim yn hoffi cysgu heb fod ganddynt ychydig o olau yn yr ystafell yn y nos (efallai eich bod chi felly). Mae golau nos (fel y bu gen i!) neu olau trydan gwan (y ffordd fodern) yn gallu bod yn gysur ac yn help os oes ofn arnoch yn y tywyllwch.
O DIAR!
5. Y sbotolau
Maent yn cael eu defnyddio i ddangos rhywbeth sy'n arbennig neu'n bwysig iawn – e.e. mewn theatr, i oleuo actor arbennig.
OOO!

Cymhwysiad

Dywedwch wrth y plant fod y goleuadau yma i gyd i'n helpu mewn rhyw ffordd neu'i gilydd. Mae'r Beibl fel golau – yn wir, mae'n dweud hynny yn y Beibl:
'Y mae dy air yn llusern i'm troed ac yn oleuni i'm llwybr.' Salm 119:105
1. Mae'r Beibl yn dangos problemau ac yn ein rhybuddio am berygl (fel y fflachlamp fach a'r goleudy) gan ei fod yn dweud wrthym beth sy'n gywir ac yn anghywir.
2. Mae'n dangos y ffordd i ni adnabod Duw (fel y fflachlamp yn y sinema).
3. Mae'n dweud wrthym am Iesu, Goleuni'r byd, sydd mor arbennig (fel y sbotolau) a bydd gyda ni bob amser, yn enwedig os bydd ofn arnom (fel y golau nos).

Gweddi

Gorffennwch gyda gweddi yn diolch am y gwahanol fathau o oleuadau sy'n ein helpu o ddydd i ddydd, am y Beibl sy'n dweud wrthym am Dduw, ac am Iesu – Goleuni'r byd.

22 LLYFR LLYFRGELL

Nod Egluro'r mathau o lyfrau sydd yn y Beibl

Sail Beiblaidd Y Beibl

Byddwch angen
Detholiad o fathau gwahanol o lyfrau y bydd plant yn eu darllen – llyfrau barddoniaeth, llyfrau sut i wneud rhywbeth, ffuglen, llyfrau ffeithiol, llyfrau hanes, bywgraffiadau, storïau ysbryd, llyfrau am wahanol leoeodd, storïau doniol, llyfrau gwybodaeth, llyfrau anifeiliaid – cymaint o fathau gwahanol ag y gellir eu cael (os yn bosib defnyddiwch lyfrau ysgol mae'r plant yn gyfarwydd â hwy)
Llun o lyfrau'r Beibl

Paratoi
Chwyddwch y llun o lyfrau gwahanol y Beibl, gan liwio'r adrannau'n wahanol liwiau.

Cyflwyniad
1. Gofynnwch i'r plant a ydynt yn hoffi llyfrau a pha rai sy'n ffefrynnau ganddynt. Rhowch gyfle i un neu ddau egluro pam – os ydynt yn gallu.
2. Dangoswch y gwahanol fathau o lyfrau. Eglurwch ychydig am bob un – efallai pam eich bod yn eu hoffi.
3. Beth yw enw'r lle y cedwir llawer o lyfrau gyda'i gilydd? Mae'r Beibl fel llyfrgell gyda llawer o fathau gwahanol o lyfrau ynddo.
4. Dangoswch y llun. Mae yna:
☐ Storïau antur (e.e. Daniel yn ffau'r llewod, Daniel 6:16–20)
☐ Storïau doniol (e.e. Sacheus, Luc 19:1–4)
☐ Bywydau brenhinoedd a breninesau, a phobl gyffredin (Esther 5:1 2, Marc 1:16–18)
☐ Barddoniaeth a chaneuon (Salm 134)
☐ Storïau trist (2 Brenhinoedd 2:11–12)
☐ Storïau hapus (Luc 15:8–10)
☐ Llawer o hanesion am fywydau pobl a llawer mwy.

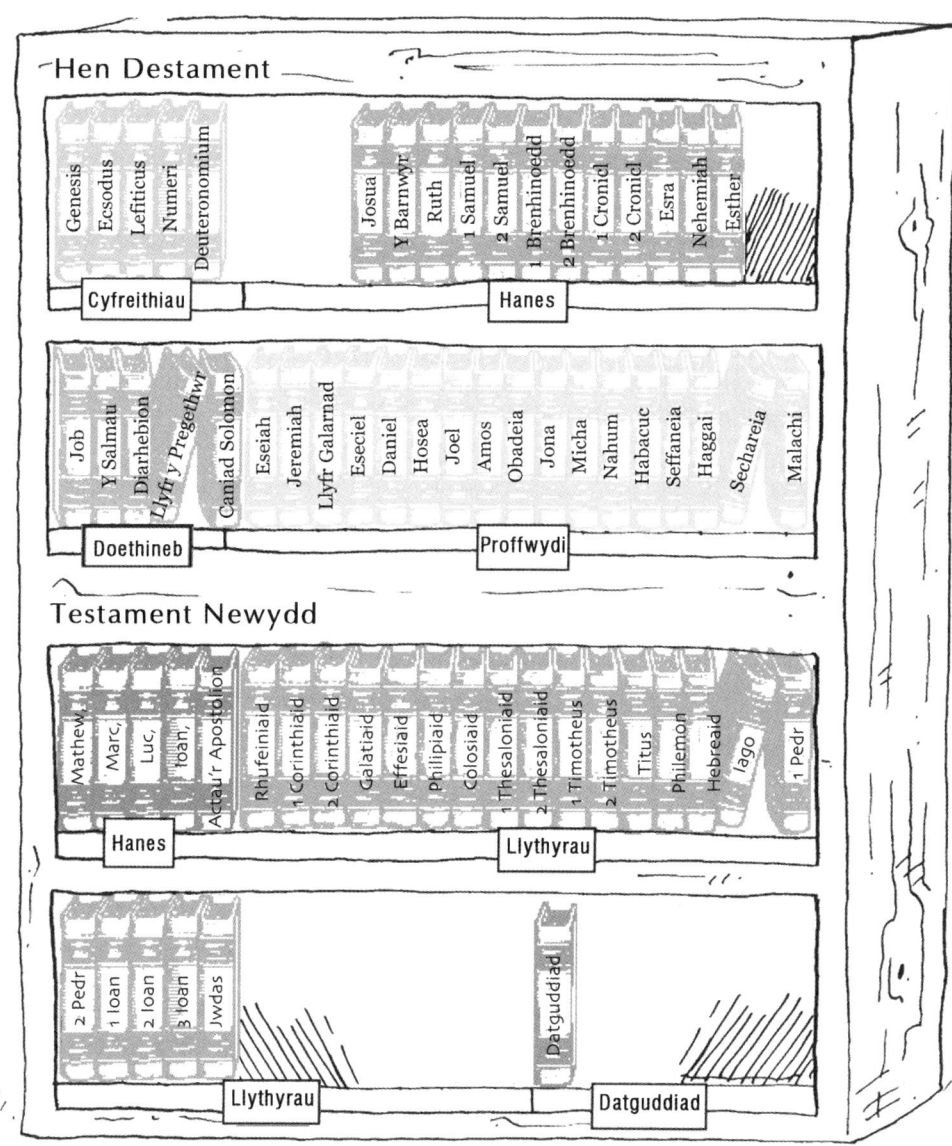

Cymhwysiad
Tynnwch sylw'r plant at y canlynol:
1. Mae'r Beibl yn llyfr arbennig i Gristnogion am ei fod yn dweud wrth bobl am Dduw.
2. Mae'n wahanol i lyfrau eraill gan mai yn anaml y byddwch yn dechrau ar dudalen 1 wrth ddarllen y Beibl. Mae pobl yn darllen darn bach ar y tro. Yn union fel y byddwch yn darllen eich hoff stori drosodd a throsodd, mae pobl yn ailddarllen yn aml rannau o'r Beibl sy'n arbennig iddynt.

Os oes rhannau o'r Beibl wedi bod o gymorth, neu'n arbennig i chi ar amseroedd neilltuol, darllenwch ddarn iddynt a siarad amdano.

Gweddi
Gofynnwch i'r plant am fwy o'u hoff lyfrau, a diolch i Dduw amdanynt i gyd.
Diolch, Dduw, am roi llyfrau i ni i'w mwynhau a'u darllen. Diolch yn arbennig am y llyfrau yr ydym wedi sôn amdanynt, ac am dy lyfr arbennig, y Beibl. Amen.

23 RHOF FY NGHARIAD I TI

Nod Dangos i'r plant fod y Beibl yn ein dysgu am gariad a gofal Duw drosom

Sail Beiblaidd Y Beibl

Byddwch angen
Casgliad o lythyrau:
– gan deulu a ffrindiau yn datgan cariad a gofal
– rhywbeth sy'n newyddion da
– cyfarwyddiadau ar sut i gyrraedd rhywle
Beibl mewn amlen wedi ei gyfeirio i'r ysgol ac 'i bawb yn y byd'

Cyflwyniad
1. Siaradwch yn gyffredinol am lythyrau. Ydi'r postmon wedi galw yn eich tŷ heddiw? Sut fath o lythyrau sy'n dod i'n cartrefi? Agorwch y llythyrau a'u darllen yn uchel.
2. Mae'r Beibl fel llythyr gan Dduw.
☐ Eglurwch fel roedd y llythyr cyntaf yn dangos cariad a gofal gan deulu a ffrindiau, a bod y Beibl yn gwneud hynny hefyd. Mae'n dweud wrthym fod Duw yn ein caru ac eisiau bod yn ffrind i ni. Dangosodd faint ei gariad drwy anfon ei Fab Iesu i'r byd.
☐ Mae'n newyddion da fod rhywun yn ein caru gymaint – newyddion gwell na'r ail lythyr hyd yn oed.
☐ Mae'n newyddion da fod y Beibl yn rhoi cyfarwyddiadau i ni sut i fyw ein bywydau er lles pawb.

Cymhwysiad
1. Atgoffwch y plant mai'r unig ffordd i wybod beth sydd mewn llythyr yw ei agor a'i ddarllen. Rhaid i ni agor y Beibl i weld beth sydd ynddo a beth yw 'llythyr' Duw i ni.
2. Agorwch yr amlen â'r Beibl ynddo a darllen Ioan 3:16. Pwysleisiwch y ffaith fod Duw yn caru pob un ohonom – yn wir, pawb yn y byd i gyd.

Gweddi
Diolch, Dduw, am newyddion da'r Beibl, dy fod yn ein caru gymaint.

24 BETH ALL E FOD ?

Nod Helpu'r plant i ddeall bod gan y Beibl un neges y mae Duw eisiau i ni ei deall – ei fod yn ein caru'n fawr iawn

Sail Beiblaidd Y Beibl

Byddwch angen
Lamp neu fflachlamp
Set o lyfrau o un gyfres sy'n storïau ar wahân (e.e. llyfrau *Rala Rwdins*, *Tomos y Tanc* neu *Sali Mali*)
Llythyr
Beibl
Llyfrau eraill yn gysylltiedig â'r Beibl (e.e. gwerslyfrau Ysgol Sul, esboniad Beiblaidd, geiriadur Beiblaidd gyda lliwiau, cyfieithiadau gwahanol, Beiblau mewn ieithoedd tramor, llyfr posau Beiblaidd, tâp o ddarlleniadau Beiblaidd, fideo o stori Feiblaidd)
Bocs i ddal yr uchod neu liain i'w gorchuddio

Paratoi
Gorchuddiwch y lamp/fflachlamp, y set lyfrau a'r llythyr fel parseli ar wahân. Rhowch y cwbl yn y bocs a'u gorchuddio.

Cyflwyniad
1. Dangoswch y bocs i'r plant. Pwy sy'n gallu dyfalu beth sydd ynddo? Mae cliwiau yn y parseli.
2. Gadewch i wahanol blant deimlo pob parsel. Beth dybient ydynt? Yna dadbaciwch y parseli.
3. Os ydych wedi defnyddio'r amlinellau blaenorol yn sôn am lamp, llyfrgell a llythyr, gofynnwch i'r plant ddyfalu beth sydd yn y bocs.
4. Ar ôl datod y parsel olaf, dangoswch y Beibl.
5. Os ydych wedi defnyddio'r amlinellau eraill, atgoffwch hwy, neu eglurwch am y tro cyntaf, fod y Beibl yn dweud:
□ ei fod fel lamp gan ei fod yn dangos y ffordd at Dduw i ni, a'r ffordd y dylem fyw

- ei fod fel llyfrgell am ei fod yn llawn o storïau unigol sydd gyda'i gilydd yn gwneud un stori fawr
- ei fod fel llythyr am ei fod gan Dduw i ni.

Cymhwysiad

1. Dangoswch y cyfieithiadau, y geiriaduron a.y.y.b. sydd wedi eu hysgrifennu i'n helpu i ddeall a darllen y Beibl.
2. Eglurwch, er ei fod yn edrych yn hir ac yn anodd ei ddarllen, fod y Beibl yn rhoi yr un neges drwyddo, ond mewn ffyrdd gwahanol: fod Duw yn ein caru gymaint ac eisiau bod yn ffrind i ni.

Gweddi

Diolch, Dduw, am dy gariad drosom, ac am y Beibl sy'n dweud cymaint amdanat. Helpa ni i'w ddeall. Amen.

25 DAU ADEILADWR

Nod Yn ogystal â'i ddarllen, mae'n rhaid i ni wneud yr hyn mae'r Beibl yn ei ddweud wrthym

Sail Beiblaidd Matthew 7:24–27, Y ddau adeiladwr

Byddwch angen
Rhai arwyddion yn rhoi cyfarwyddiadau, e.e. 'Paid Cyffwrdd', 'Poeth', 'Arhoswch am y dyn gwyrdd cyn croesi'r ffordd'
Dwy het galed, fel rhai adeiladwyr
Dau ymbarél rhad (yn union yr un fath)
Potel chwistrellu – fel un i ddyfrio planhigion
Efallai y byddwch angen papur cegin i sychu'r llawr (neu defnyddiwch bwll padlo i'r plant sefyll ynddo, er mwyn creu effaith, nid eu gwlychu)
Taflunydd os ydych yn defnyddio asetad

Paratoi
Gwnewch yr arwyddion neu rhowch hwy ar asetad
Gwnewch nifer o dyllau mewn un ymbarél – mewn modd nad oes posib eu gweld nes iddo gael ei agor.

Cyflwyniad

Rhagarweiniad
1. Dangoswch yr arwyddion. Beth fyddai'n digwydd petai rhywun yn eu darllen ond heb eu dilyn?
2. Os ydych eisoes wedi defnyddio'r amlinelliad o'r Beibl fel llythyr, atgoffwch y plant fod angen ei agor a'i ddarllen. Os nad ydych wedi ei ddefnyddio, eglurwch hynny'n awr.
3. Atgoffwch y plant fod Iesu wedi dweud y dylai'r bobl wneud yr hyn mae'r Beibl yn ei ddweud wrthynt, ac nid ei ddarllen yn unig.

Stori
1. Darllenwch y stori o'r Beibl am y ddau adeiladwr. Adroddwch y stori'n

syml, gyda dau blentyn yn actio'r rhannau.

Dyma ddau ddyn yn adeiladu eu tai (y plant yn dewis ymbarél a het yr un, un yn gwisgo'r het, a rhoi'r ymbarél i'r naill ochr am y tro).
    Yn gyntaf maent yn dewis y man adeiladu. Mae un yn dewis tir tywodlyd a'r llall dir creigiog (y plant yn sefyll ychydig o flaen yr arweinydd).
    Maent yn tyllu, a thyllu, a thyllu (meimio).
    Maent yn adeiladu'r tai â brics (meimio).
    Ac o'r diwedd mae'r tai wedi eu gorffen (y plant yn sefyll â'u dwylo ymhleth).
    Yna mae'r glaw yn dod (chwistrellwch ychydig o ddŵr drostynt).
    Be ddigwyddith? Wnaiff y tai eu cadw'n sych? (y plant yn codi eu hymbarelau, a'r glaw yn parhau).
    Edrychwch! Mae un adeiladwr yn sych a chlyd ond mae'r llall yn dal i wlychu – nid yw'r tŷ yn ei gadw'n sych.
    Roedd y tŷ a adeiladwyd ar dywod yn ddiwerth mewn storm, fel yr ymbarél a thyllau ynddo. Dywedodd yr Iesu mai pan ddaeth y storm y gwelwyd y gwahaniaeth rhwng y tai – safodd un yn gadarn a syrthiodd y llall.

Cymhwysiad
1. Defnyddiwch stori Iesu a'i chymharu â'r syniad o ddarllen yr arwyddion a'u diystyru.
2. Mae Duw wedi rhoi rheolau i ni, ac os ydym yn eu cadw byddwn fel yr adeiladwr call.
3. Dylem ddarllen y Beibl a gwneud yr hyn a ddywed wrthym.

Gweddi
O Dduw, fe wyddost ei bod weithiau'n anodd i ni wneud yr hyn sy'n iawn. Helpa ni i ddarllen y Beibl a gwneud yr hyn a ddywed wrthym. Amen.

ADRAN 5

LLEOEDD ARBENNIG

Mae'r adran hon wedi ei sylfaenu ar y fideo *Luke Street* gan y *Scripture Union*. Mae'n cynnig chwe ffordd wahanol o gyflwyno'r storïau Beiblaidd yn hytrach na defnyddio'r fideo, ac yn cynnig syniadau hefyd i'w defnyddio ochr yn ochr â'r fideo.

Cymorth gweledol da i'r gyfres gyfan fyddai rholyn o bapur i gynrychioli'r ffordd gyda phob tŷ wedi ei baentio arno gan ddatod mwy ohono bob tro. Neu tynnwch lun o'r ffordd gan ychwanegu tŷ ym mhob gwasanaeth – gallwch ei baratoi ymlaen llaw a'i ludo yn ystod y gwasanaeth, heb orfod cael sgiliau Rolf Harris!

Gall y gyfres arwain at brosiectau yn y dosbarth, am dai hen a newydd. Datblygodd un gweithiwr cymunedol y gyfres drwy fynd ag un dosbarth o blant a'u hathrawon yn eu tro i'w thŷ, i siarad gyda'i gilydd, cael byrbryd a gwylio'r fideo.

26 TŶ Y BOBL SÂL

Nod Dangos bod Iesu yn ein caru ac yn gofalu am bawb

Sail Beiblaidd Luc 4:38–40 Iesu'n iacháu llawer

Byddwch angen
Dillad ar gyfer pob cymeriad – efallai fod posib benthyg rhai Beiblaidd addas gan eglwys leol, neu defnyddiwch ddarn o ddefnydd wedi ei glymu o amgylch y canol. Bydd angen gwisg ar gyfer Iesu, Pedr, ei wraig, ei fam yng nghyfraith a phobl sâl eraill sy'n dod i'r tŷ.
Lluniau o dai yn amser Iesu
Rholyn o bapur

Paratoi
Paratowch y 'stryd' ar y papur os ydych yn ei ddefnyddio, a thynnwch luniau addas o'r tai (gweler *How to cheat at Visual Aids* gan *Scripture Union* am syniadau).
Penderfynwch sut i ail ddweud y stori.

Cyflwyniad

Rhagarweiniad
1. Os hon yw'r gyntaf o gyfres *Luke St* dangoswch luniau a siaradwch ychydig am y tai a'r gwahaniaethau rhyngddynt a thai heddiw.
2. Gofynnwch i'r plant pwy fyddai yn eu helpu petaent yn sâl. Yr un fyddai'r ateb i bobl "Luke St", ond nid ar y diwrnod yma, gan mai dyma'r Sabath. Y Sabath oedd diwrnod gorffwys arbennig yr Iddewon, pan nad oedd neb yn gwneud unrhyw waith.

Stori
1. Gofynnwch i'r plant wrando'n astud ar y stori o'r Beibl gan y bydd rhai ohonynt yn eich helpu i'w hailadrodd. Darllenwch y stori o gyfeithiad modern o'r Beibl.
2. Gofynnwch iddynt sut byddai'r gwahanol bobl yn teimlo a beth fyddent wedi ei ddweud.

3. Dewiswch blant i wisgo fel y gwahanol gymeriadau ac yna ailadroddwch y stori am dŷ y bobl sâl yn eich geiriau eich hun (neu gofynnwch i'r plant sy'n cymryd rhan i siarad os gallant). Gwnewch yn siŵr eich bod yn cynnwys y canlynol:

    Roedd gan Iesu ddiddordeb ym mhob un a ddaeth i dŷ Pedr ac roedd ganddo amser i bob un oedd wedi dod i gael ei gwella.

    Fe iachaodd hwy, er nad oedd yn feddyg.

    Roedd pobl yn ceisio dyfalu pwy oedd y dyn arbennig yma.

Cymhwysiad

Atgoffwch y plant fod Iesu, hyd yn oed heddiw, yn caru ac yn gofalu am bobl sy'n sâl ac am eu teulu a'u ffrindiau sy'n poeni amdanynt. Gallwn ofyn i Iesu helpu pobl sy'n sâl a gweddïo dros y rhai sy'n gofalu amdanynt. Gofynnwch pa bobl heddiw sy'n helpu i wella pobl sâl.

Gweddi

Os yw'n addas, gofynnwch i'r plant a allant feddwl am unrhyw un y maent yn ei adnabod sy'n sâl. Yn ystod gweddi fer, cyn gofyn i Dduw ei helpu i wella, rhowch gyfle am ychydig o dawelwch i bob plentyn gael enwi'n ddistaw y person sydd yn ei feddwl.

    Adroddwch weddi i ddiolch i Dduw am bobl sy'n ein helpu pan fyddwn yn sâl. Os oes nyrs yn yr ysgol, enwch hi.

Cân

372, *Caneuon Ffydd* 'Dwylo ffeind oedd dwylo'

27 TŶ Y DYN CYFOETHOG

Nod Dangos fod Iesu'n maddau.

Sail Beiblaidd Luc 7:36–50, Iesu a Simon yn nhŷ'r Pharisead

Byddwch angen
Darn mawr o bapur neu asetad a beiro
Lluniau o Simon a Rebeca, i'w dangos pan fyddwch yn sôn amdanynt (gweler *How to cheat at Visual Aids* am rai syniadau)

Paratoi
Paratowch luniau o'r ddau gymeriad.
Ychwanegwch dŷ i *Luke St* os oes angen.

Cyflwyniad

Rhagarweiniad
Gofynnwch i bawb ddychmygu bod rhywun arbennig yn dod am bryd i'w tŷ. Beth hoffent roi iddo i'w fwyta? Ysgrifennwch restr siopa o'r pethau arbennig y gallech eu prynu.

Stori
Roedd Simon yn byw yn *Luke St*. Pharisead oedd o, rhywun oedd yn dysgu pobl am Dduw, ac oherwydd hynny byddai weithiau'n meddwl ei fod ef hefyd yn bwysig iawn. Mae'n debyg ei fod yn ddyn eithaf da, heblaw ei fod yn meddwl ei fod mor bwysig. Roedd llawer o bobl yn ei hoffi, a phan fyddai rhywun pwysig yn dod ato i gael bwyd, byddai'n gadael i bobl oedd yn byw gerllaw ddod i weld y bwyd bendigedig a oedd wedi ei baratoi ar gyfer y gwesteion, ac i arogli'r arogleuon hyfryd wrth i'r pryd gael ei goginio. Weithiau, ar ddiwedd y pryd, byddai'r cogydd yn rhoi ychydig o'r bwyd oedd yn weddill i bwy bynnag fyddai'n dal i wylio o'r drws.

Roedd Rebeca yn byw ar *Luke St* hefyd ond, heblaw am hynny nid oedd yn debyg i Simon o gwbl. Nid oedd yn bwysig o gwbl, a gwyddai hynny. Nid oedd llawer yn ei hoffi, ac yn sicr nid oedd yn ddynes dda. Ni wyddai neb beth yn union a wnaeth hi o'i le, ond yn aml byddai pobl yn troi i ffwrdd pan welent hi'n dod i'w cyfeiriad.

Roedd Rebeca yn cerdded i lawr *Luke St* un dydd pan glywodd Simon yn siarad â dyn nad oedd hi erioed wedi ei weld o'r blaen.

"Tyrd i'm tŷ, Iesu," meddai Simon. "Tyrd i swper heno."

Ni fu Rebeca am bryd yn nhŷ neb erioed. A dweud y gwir, nid oedd erioed wedi ymuno â'r tyrfaoedd i wylio gwesteion Simon yn mynd a dod, a bwyta'r bwyd arbennig. Ond wrth iddi syllu ar y dyn o'r enw Iesu, gwelodd ef hi yn ei wylio a gwenodd arni. Ni wenodd Rebeca yn ôl arno, ond yn hytrach aeth yn goch iawn a cherdded i ffwrdd yn gyflym.

Am chwarter i chwech y noson honno dechreuodd y bobl o *Luke St* wthio er mwyn cael safle da yng ngardd Simon i weld y pryd arbennig yma ac ymwelydd arbennig iawn Simon. Am bum munud i chwech cariodd gweision Simon fwyd blasus i mewn i'r ystafell fwyta, digon i dynnu dŵr o ddannedd pwy bynnag oedd yn gwylio. Yn wir, roedd trwynau pawb oedd yno yn gwylio yn crychu wrth arogli'r fath fwyd. Roedd yna gymaint ohono, a phopeth yn berffaith. Am chwech croesawodd Simon ei westeion wrth y drws ffrynt a'u harwain i'r ystafell fwyta er mwyn dechrau'r wledd.

Tra oedd Simon a Iesu yn bwyta cyrhaeddodd Rebeca'r tŷ. Hoeliodd ei llygaid ar Iesu. Ni fu raid iddi wthio'i ffordd i'r blaen, oherwydd symudodd pawb o'i ffordd. Ni safodd wrth y drws i weld beth oedd yn digwydd – cerddodd ar ei hunion i mewn i'r ystafell a phenlinio wrth draed Iesu. Edrychodd Iesu i lawr arni a gwenu, gwên gyfeillgar. Dechreuodd Rebeca wylo. Nid oedd neb byth yn gwenu arni, ond roedd y dyn yma wedi gwenu arni ddwywaith yn yr un diwrnod, ac roedd hi'n hapus iawn, iawn – a thrist iawn, iawn hefyd. Oherwydd wrth iddo wenu arni, edrychai yn union i'w llygaid fel petai'n gweld popeth a wnaeth hi erioed. Bob tro yr oedd hi wedi ceisio bod yn dda a methu, a'r holl droeon y dewisodd fod yn ddrwg iawn hefyd. Llifai dagrau Rebeca i lawr ei gruddiau gan syrthio ar draed Iesu, lle rhedasant yn afonydd bychan drwy lwch y ffordd oedd yn dal ar ei draed. Poenai Rebeca am hyn, felly sychodd ei draed yn lân â'r unig beth a feddyliodd i'w ddefnyddio – ei gwallt. Yna cymerodd botel fach dywyll, oedd bob amser yn hongian o amgylch ei gwddf, gan arllwys y cynnwys dros draed yr Iesu. Persawr oedd o, gydag arogl cryf, melys a glân a lanwodd yr holl ystafell ac allan i'r ardd.

Gellid clywed pín yn disgyn yn y tŷ; ni ddywedodd neb air. Ond edrychai Simon yn flin iawn, iawn. Yna siaradodd Iesu.

"Simon, mae Rebeca wedi gwneud rhywbeth arbennig iawn i mi, felly paid â throi dy drwyn fel yna. Anghofiaist drefnu i olchi fy nhraed, ond fe'u golchodd hi nhw â'i dagrau a'u sychu â'i gwallt. Rhoddaist bryd arbennig i mi, ond prin wnei di golli'r bwyd o'th storfa yn y gegin. Mae Rebeca wedi arllwys y peth mwyaf gwerthfawr sydd ganddi dros fy nhraed. Gwyddost fod pobl yn dy hoffi, ond mae angen llawer o gariad arni hi am ei bod wedi gwneud llawer o bethau anghywir."

Edrychodd ar Rebeca eto a gwenu. "Mae'r holl bethau drwg yr wyt wedi eu gwneud wedi eu maddau," meddai. "Dos adref, a bydd yn hapus."

Ac fe aeth, ac felly y bu.

Cymhwysiad

Atgoffwch y plant fod Rebeca wedi rhoi'r peth mwyaf gwerthfawr oedd ganddi i Iesu. Ond rhoddodd Iesu rywbeth mwy gwerthfawr iddi – y rhywbeth hwnnw na allai neb arall ond ef ei roi – maddeuodd iddi. Mae'r Beibl yn dweud fod Iesu'n gallu maddau i bobl am y pethau drwg y maent wedi eu gwneud am mai mab Duw ydyw. Mae'r Beibl yn dweud y gall wneud hynny heddiw hefyd. Ac mae'n maddau hefyd pan fyddwn yn dweud bod yn ddrwg gennym, a golygu hynny.

Gweddi

Mae'n bosib y byddwch eisiau gorffen gyda chyfnod byr o ddistawrwydd tra mae'r plant yn meddwl a oes ganddynt rywbeth i ofyn maddeuant amdano – ac yna gweddi fer, 'Mae'n ddrwg gen i'. Cofiwch ddiolch i Dduw am faddau i ni.

Cân

75, *Glas, Glas Blaned* 'Mae'n anodd dweud mae'n ddrwg gen i'

28 TŶ'R ARWEINYDD

Nod Dangos y gall Iesu wneud yr amhosibl

Sail Beiblaidd Luc 8:40–56, Jairus a'i ferch.

Byddwch angen
Tudalennau papur newydd

Paratoi
Ychwanegwch dŷ i *Luke St* os oes angen.

Cyflwyniad

Rhagarweiniad
1. Holwch a oes un o'r plant yn credu y gallai blygu tudalen o bapur newydd yn ei hanner ddeg gwaith. Gadewch i ddau neu dri roi cynnig arni – gan gynnwys un o'r staff os yn bosib. Eglurwch ar ôl i rai roi cynnig arni ei bod yn amhosibl.
2. Eglurwch ein bod weithiau'n gweld pethau y credwn y gellir eu gwneud – ond nid oes posib eu gwneud. Mae rhai pethau eraill yn ymddangos yn amhosibl, ond yn bosibl wedi'r cyfan – fel dysgu reidio beic neu wneud mathemateg.
3. Dywedwch fod y stori am dad gyda phroblem anodd.

Stori
1. Adroddwch gefndir stori Jairus a'i ferch:
– ei fod yn poeni ac yn drist wrth weld salwch ei ferch
– ei fod yn credu bod modd i'r meddygon ei gwella ond ei bod er hynny yn gwaethygu
– fod Jairus yn credu bod modd i Iesu ei gwella, a'i fod felly wedi mynd at yr Iesu i ofyn am ei gymorth
2. Dywedwch fod Iesu'n hapus i wneud hynny, ond ar y ffordd daeth y newydd fod y ferch wedi marw. Jairus druan – roedd yn amhosibl nawr.
3. Pwysleisiwch fod Iesu yn gallu gwneud yr amhosibl. Aeth i'r tŷ, dweud

wrthi am godi, ac fe wnaeth. Yn wir, roedd wedi gwella cymaint nes i Iesu ddweud wrth ei rhieni am roi bwyd iddi.

Yr oedd yn amhosibl, gan fod yr eneth fach wedi marw. Ond nid i Iesu.

Cymhwysiad
1. Pan oedd Iesu ar y ddaear fel dyn, credai Cristnogion y gallai wneud pethau amhosibl gan nad dyn cyffredin mohono ond mab Duw.
2. Cred Cristnogion, er bod hynny'n swnio'n amhosibl, fod Iesu yn dal yn fyw heddiw ac yn dal i allu gwneud pethau sy'n amhosibl.

Gweddi
Gofynnwch i'r plant feddwl am bethau sy'n anodd iddynt, fel gwneud ffrindiau, neu wneud rhywbeth yn iawn. Gorffennwch gyda gweddi fer, gan gynnwys amser o dawelwch i roi cyfle i'r plant gyfaddef yn ddistaw yr hyn sy'n anodd ganddynt i'w wneud.
Iesu, yr wyt yn gallu gwneud yr amhosibl, a gelli ein helpu pan fyddwn yn cael rhywbeth yn anodd i'w wneud. Os gweli'n dda, helpa ni heddiw gyda'r pethau hyn. Amen.

Cân
151, *Caneuon Ffydd* 'Mae'n Duw ni mor fawr, mor gryf ac mor nerthol'

29 GWESTY

Nod Dysgu'r plant i sylweddoli bod angen rhoi amser i gael cyfeillgarwch (gyda'i gilydd a gyda'r Iesu)

Sail Beiblaidd Luc 10:38–42, Iesu'n ymweld â Martha a Mair

Byddwch angen
Brwsh llawr gyda choes hir

Paratoi
Ymarferwch y stori
Ychwanegwch y tŷ i *Luke St* os oes angen.

Cyflwyniad

Rhagarweiniad
1. Holwch y plant beth sy'n digwydd gartref pan mae rhywun yn dod i ymweld. Trafodwch y paratoadau.
2. Eglurwch pan fydd ystafell lychlyd yn cael ei hysgubo (BRWSIO, BRWSIO) y gall y cwmwl llwch wneud i'r glanhawr dagu (PESWCH, PESWCH). Gall hyn arwain at disian (ATISHW – O DIAR!).
3. Atgoffwch hwy sut yr adeiladwyd y tai a'r ffyrdd ar *Luke St* a sut y byddai'r tŷ yn llenwi â llwch o'r ffordd y tu allan.
4. Yn y stori, eglurwch y bydd merch o'r enw Martha yn estyn ei brwsh i ysgubo'r llawr. Bob tro y bydd Martha'n dweud "O, na! Bydd rhaid i mi ddod â'r brwsh allan," dylai pawb ymuno a dweud: "BRWSIO, BRWSIO, PESWCH, PESWCH, ATISHW, O DIAR!"
    Trefnwch ymarfer cyn dechrau'r stori.

Stori
Dwy chwaer oedd Martha a Mair yn byw yn nhref fach Bethania yn amser Iesu. Yn wir, roeddent yn ffrindiau iddo. Roedd y ddwy yn brysur o gwmpas y tŷ gan eu bod yn disgwyl Iesu a rhai o'i ffrindiau atynt heddiw.

"Efallai y gwnaiff aros dros nos," meddai Martha.

"Gwell cael y rholiau gwely sbâr yn barod," cynigiodd Mair. Tynnwyd y rholiau o'r gist a'u hysgwyd.

"Byddwn angen bwyd," meddai Mair. "Gwell i mi ddechrau coginio." Wrth iddi gerdded i ffwrdd sylwodd Martha ar y llawr. Roedd llwch ar lawr lle'r ysgydwyd y rholiau gwely. Wrth iddynt eu tynnu o'r gist roedd ychydig o wellt wedi syrthio i'r llawr.

"O, na!" meddai Martha. "Bydd rhaid i mi ddod â'r brws allan."

"BRWSIO, BRWSIO, PESWCH, PESWCH, ATISHW, O DIAR!"

Erbyn hyn roedd Mair bron â gorffen coginio bara. Roedd wedi defnyddio blawd. Pan gyrhaeddodd Martha'r popty roedd y torthau ar fin mynd i mewn. Dywedodd Mair, "Dw i am fynd i edrych a yw Iesu'n dod. Dw i'n mynd allan."

Wrth iddi gerdded i ffwrdd edrychodd Martha ar y llawr. Roedd yna dipyn o flawd wedi ei golli.

"O, na!" meddai Martha. "Bydd rhaid i mi ddod â'r brwsh allan."

"BRWSIO, BRWSIO, PESWCH, PESWCH, ATISHW, O DIAR!"

"Mae'n dod!" gwaeddodd Mair, a rhedodd y ddwy chwaer i lawr y ffordd lychlyd i'w gyfarfod. Roedd ganddynt gymaint o gwestiynau i'w gofyn – "Sut wyt ti?" "Wyt ti am aros dros nos?" "Oes eisiau bwyd arnat ti? Rydym wedi paratoi ar dy gyfer."

Cerddodd Iesu i mewn i'r tŷ o'r ffordd lychlyd. Cerddodd Mair i'r tŷ o'r ffordd lychlyd. Eisteddodd y ddau a dechrau siarad.

Cerddodd Martha i mewn i'r tŷ o'r ffordd lychlyd a gweld llawer o olion traed llychlyd.

"O, na!" meddai Martha. "Bydd rhaid i mi ddod â'r brwsh allan."

"BRWSIO, BRWSIO, PESWCH, PESWCH, ATISHW, O DIAR!"

Roedd Mair yn dal i siarad â'r Iesu. Yna cofiodd Martha am y coginio. "Y torthau. Maent yn y popty o hyd!" Rhedodd at y popty gan anghofio popeth am ddefnyddio rhywbeth i afael ynddynt o'r gwres. Llosgodd ei bysedd. "Aw!" a gollyngodd y cwbl. Saethodd y bara i fyny i'r awyr, troi drosodd a syrthio i'r llawr yn friwsion i gyd.

"O, na!" meddai Martha. "Bydd rhaid i mi ddod â'r brwsh allan."

"BRWSIO, BRWSIO, PESWCH, PESWCH, ATISHW, O DIAR!"

Roedd Mair yn dal i siarad â'r Iesu. Sylweddolodd Martha nad oedd dim i Iesu ei fwyta, felly aeth i nôl y blawd i bobi mwy o fara. Brysiodd a brysiodd. Aeth y gegin yn flerach, blerach a blerach. Rhoddodd y bara yn y popty. Edrychodd ar y llanast ar y llawr.

"O, na!" meddai Martha. "Bydd rhaid i mi ddod â'r brws allan."

"BRWSIO, BRWSIO, PESWCH, PESWCH, ATISHW, O DIAR!"

Yna, dywedodd "NA!"

"Na, pam dylwn i?" meddyliodd. "Dw i wedi gwneud yr holl frwsio a'r glanhau ers i Iesu gyrraedd. Ac wedi coginio hefyd. Tydi hi ddim yn deg. Tydi fy chwaer yn gwneud dim ond eistedd a siarad â Iesu. Dw i am fynd i mewn atynt a dweud, "Meistr, wnei di ddweud wrth fy chwaer nad ydi hi ddim yn deg. Dw i wedi gwneud y gwaith i gyd, a hithau'n gwneud dim ond eistedd a siarad â thi."

Ac felly y gwnaeth. Gwenodd Iesu'n ddeallus ar Martha. Dywedodd, "Martha, gwn dy fod yn gwneud yr holl bethau hyn am dy fod eisiau rhoi popeth gorau i mi, ond ni ddeuthum yma i weld ai dy fwyd di yw'r gorau yn y byd. Tydwi ddim wedi dod chwaith i weld ai dy dŷ di yw'r taclusaf yn y pentref. Rwyf wedi dod i dy weld di, a chlywed dy newyddion, ac i tithau glywed yr hyn sydd gennyf fi i'w ddweud. Os na wnawn ni siarad, all hynny ddim digwydd. Y funud hon mae Mair wedi dewis gwneud y peth iawn. Rŵan, rho'r brwsh yna i gadw, a thyrd atom!"

Ac felly y gwnaeth – ar ôl tynnu'r bara o'r popty.

Cymhwysiad

1. Mae'n cymryd amser i fod yn ffrindiau. Mae angen i ni dreulio amser gyda'n ffrindiau i siarad â hwy ac i wrando arnynt. Mae angen gwneud hynny gyda Iesu hefyd, os yw am fod yn ffrind i ni.
2. Gallwn wneud hyn drwy ddarllen y Beibl, gwrando ar storïau amdano a siarad ag ef. Dyma yw gweddïo i Gristnogion.
3. Mae pobl weithiau'n credu na ddylent siarad â'r Iesu ond am bethau mawr, pwysig, ond mae gan Iesu ddiddordeb ym mhob peth sy'n digwydd i ni, felly gallwn siarad ag ef am bopeth.

Gweddi

Gofynnwch i'r plant ddychmygu bod Iesu'n eistedd yn dawel am ychydig, ac, yn eu meddyliau, eu bod yn dweud y pethau hynny wrth Iesu.

30 Y TŶ DIRGEL

Nod Dysgu am farwolaeth Iesu

Sail Beiblaidd Luc 22:7–23:56, Y Swper Olaf a'r Croeshoeliad

Byddwch angen
Rhyw fath o gacen neu fwyd ar gyfer parti (byddai'r pecynnau eu hunain yn ddigon)
Rhôl fara a gwydraid o sudd cyrens duon

Paratoi
Ychwanegwch y tŷ i *Luke St*

Cyflwyniad

Rhagarweiniad
1. Siaradwch am adeg pan oedd ffrind, neu chi eich hunan, yn symud i ffwrdd a gorfod ffarwelio. Dangoswch y bwyd parti, neu gacen, ac egluro eich bod wedi cael parti ffarwél, am eich bod yn gadael ffrindiau arbennig.
2. Adroddwch hanes Iesu a'r disgyblion yn cael pryd arbennig gyda'i gilydd. Rhoddodd Iesu fara iddynt i'w fwyta a gwin i'w yfed a dweud wrthynt am gofio amdano. (Dangoswch y rhôl fara a'r sudd cyrens duon wrth siarad – gallech dorri'r bara a'i roi i rai o'r athrawon.)

Stori
Gwyddai'r Iesu mai dyma eu pryd olaf gyda'i gilydd. Er bod Iesu yn fab Duw, nad oedd byth yn gwneud dim o'i le, gwyddai ei fod yn mynd i farw y diwrnod wedyn. Er nad oedd wedi gwneud dim o'i le erioed, roedd Iesu wedi gwneud llawer o bethau da – nid oedd pawb yn ei hoffi. Roedd yna rai pobl bwysig eisiau cael gwared ohono. Er bod Iesu wedi gwella pobl sâl ac wedi maddau i bobl oedd wedi gwneud drwg (atgoffwch y plant o rai o'r storïau eraill o'r gyfres hon) ac er mai ef oedd Iesu, mab Duw, nad oedd erioed wedi gwneud unrhyw ddrwg, penderfynodd rhai wneud yn siŵr ei fod yn cael ei arestio a'i ladd.
    Ar ôl y swper arbennig, aeth Iesu a'i ffrindiau allan am dro. Tra

oeddent allan daeth milwyr atynt ac arestio Iesu. Aethant ag ef at y bobl bwysig, a hwythau'n dweud celwydd a storïau anwir amdano.

Y diwrnod canlynol aethant â'r Iesu, mab Duw, na wnaeth unrhyw ddrwg erioed, i ochr bryn y tu allan i'r ddinas, a'i ladd. Bu Iesu farw, wedi ei hoelio ar groes bren.

Roedd ei ffrindiau a llawer o bobl eraill yn drist iawn, iawn. Hwn oedd yr Iesu oedd wedi gwneud cymaint iddynt, ac oedd wedi eu caru. Ac yn awr roedd wedi marw.

Credai hyd ynm oed y milwr oedd yng ngofal popeth hyd yn oed mai Iesu oedd mab Duw.

Felly parti ffarwél fu'r pryd yn y Tŷ Dirgel wedi'r cyfan.
Ond mae'r stori'n mynd yn ei blaen fel y gwyddoch.

Dywedwch yr hanes hwnnw mewn gwasanaeth arall. Peidiwch â gadael i'r plant gredu mai marwolaeth Iesu oedd diwedd y stori.

Gweddi
Iesu, dysga fi i ddeall mwy amdanat.

31 Y TŶ YN Y WLAD

Nod Helpu'r plant i ddeall y ffaith anhygoel fod Iesu, er ei fod yn farw, wedi dod yn fyw eto

Sail Beiblaidd Luc 24:13–49, Iesu'n ymddangos i'w ffrindiau

Byddwch angen
Dau arwydd mawr, un yn dweud 'IE' a'r llall yn dweud 'NA'

Paratoi
Gwnewch y ddau arwydd ac ymarfer dweud y stori. Rhowch ddigon o gyfle i'w defnyddio – neu ddefnyddio'r sgript isod.
Ychwanegwch y tŷ i *Luke St*

Cyflwyniad

Rhagarweiniad
1. Os hon yw'r olaf yn y gyfres *Luke St*, atgoffwch y plant am y lleill, un ai drwy ddangos y stryd o dai neu drwy eu henwi a gofyn beth a ddigwyddodd ym mhob un. Pa un ai ydych yn gwneud hyn neu beidio, paratowch hwy am y stori drwy eu hatgoffa am farwolaeth Iesu ac am dristwch ei ffrindiau. Os gallwch, mynegwch yr anobaith a'r boen a deimlai'r disgyblion fod rhywun mor dda, oedd wedi gwneud cymaint dros eraill, wedi ei ladd.
2. Eglurwch fod angen help arnoch i ddweud y stori: hoffech weld y plant yn ymuno gyda'r geiriau wrth i chi ddangos y cardiau. Ymarferwch drwy ofyn 'Beth am helpu?' a dangos y cerdyn 'IE' iddynt ar gyfer yr ateb. 'Neu ydy hyn yn rhy anodd?' a dangos y cerdyn 'NA'. Eglurwch i'r plant y dylent ddweud 'IE' neu 'NA' wrth i chi godi'r cardiau yn ystod y stori.

Stori
Nos Sul oedd hi, a dau o ffrindiau Iesu yn Jerusalem. Roeddent yn ddryslyd iawn. Ar y bore Gwener roeddent wedi gweld Iesu yn cael eu

hoelio ar groes. Ar y prynhawn Gwener bu farw, ac fe'i claddwyd. Ar y dydd Sadwrn, eu diwrnod arbennig i orffwys, roeddent hwy a'u ffrindiau eraill wedi eistedd gyda'i gilydd a sôn am yr holl bethau da a wnaeth Iesu, a wylo gyda'i gilydd am fod eu ffrind wedi marw. Yna, bore heddiw, roedd rhai o'r merched wedi mynd at fedd Iesu, ond nid oedd ei gorff yno – a dau angel wedi dweud wrthynt ei fod yn fyw unwaith eto.

"Wyt ti am aros yn hirach?" gofynnodd un o'r ffrindiau.

"NA," meddai Cleopas. "Beth am fynd adref?"

"IE" oedd yr ateb, a dechreuodd y ddau gerdded y saith milltir i'w cartref ym mhentref Emmaus.

"Mae heddiw wedi bod yn ddiwrnod anhygoel," meddai Cleopas. "Wyt ti wedi deall popeth?"

"NA," meddai'i ffrind. "Tydwi ddim wedi deall popeth." Dechreuasant siarad am Iesu ac am bopeth oedd wedi digwydd. Yr oeddent yn dal i siarad pan ddaeth rhywun arall i ymuno â hwy ar y ffordd. Yr oedd yn dechrau tywyllu ac ni allent ei weld yn glir, ond yr oedd yn gyfeillgar a gofynnodd a gâi gyd gerdded â hwy.

"IE, iawn," atebodd y ddau. "Croeso i ti ymuno â ni."

"Am beth oeddech chi'n siarad?" gofynnodd y dyn. Arosasant am funud ac edrych yn drist.

"Wyt ti heb glywed beth sydd wedi digwydd yn Jerusalem yn ystod y dyddiau diwethaf yma?" gofynnodd Cleopas.

"NA," meddai'r dyn. "Dywedwch wrthyf." Ac felly y gwnaethpwyd – popeth am Iesu a'r pethau a wnaeth, pa mor arbennig oedd ef, a sut y bu farw, ond ei fod yn awr, efallai, yn fyw unwaith eto.

Gofynnodd y dyn, "Alla i ddweud rhywbeth arbennig iawn wrthych?"

"IE, iawn," meddai'r ddau arall. Dechreuodd y dyn egluro sut yr oedd Duw wedi bod yn dweud wrth ei bobl am gannoedd a channoedd o flynyddoedd am ei Fab, a'r hyn y byddai yn ei wneud.

Yr oedd yn dal i siarad pan gyraeddasant Emmaus a dechreuodd ffarwelio â hwy.

"NA, paid â mynd," meddai Cleopas. "Mae croeso i ti aros gyda ni am ychydig o fwyd, a thros nos os dymuni. Mae'n hwyrhau. Fe arhosi?"

"IE, iawn," meddai'r dyn. "Byddaf wrth fy modd."

Eisteddodd y tri ohonynt i fwyta.

"A wnei di ddiolch i Dduw am y bwyd?" gofynnodd Cleopas.

"IE, iawn," meddai'r dyn. Cododd y bara yn ei ddwylo a diolch i Dduw amdano, a'i dorri a'i rannu.

"Dyna'n union fel y byddai'r Iesu yn ei wneud," meddyliodd Cleopas.

"Mae'r dyn hwn yn fy atgoffa cymaint o'r Iesu . . . mae'n debyg iawn iddo . . . wel, IE," gwaeddodd. "Iesu ydi o!" A'r munud hwnnw gadawodd Iesu hwy ac yr oeddent eu hunain unwaith yn rhagor.

"Iesu oedd e! Iesu oedd e!" gwaeddasant. "IE, IE, IE, MAE Iesu'n fyw, ac yr oedd e yma gyda ni!" Yn wir, yr oeddent wedi cynhyrfu gymaint nes iddynt adael y bwrdd bwyd a rhedeg yn ôl yr holl ffordd i Jerusalem, saith milltir! Aethant ar eu hunion i'r tŷ lle'r oeddent hwy a'u ffrindiau wedi cyfarfod.

"Chredwch chi byth!" meddai'r lleill. "Mae Iesu'n fyw – mae Pedr wedi ei gyfarfod."

"IE, wir," gwaeddodd y ddau ffrind. "IE, yn wir – fe ddaeth i swper gyda ni! Anhygoel yn wir!"

"IE," gwaeddodd yr holl ffrindiau gyda'i gilydd.

Cymhwysiad

Dywedwch wrth y plant efallai eu bod yn credu ei bod yn amhosibl y gallai Iesu ddod yn fyw unwaith eto ar ôl iddo farw. (Atgoffwch y plant o'r 'Pethau Amhosibl', sef stori Iesu yn nhŷ Jairus, os ydych wedi defnyddio'r stori honno.) Efallai eu bod yn meddwl 'NA', nid oes posib iddo fod yn fyw unwaith eto.

Ond "IE" yw'r ateb yn y Beibl – fe ddaeth Iesu yn fyw unwaith eto. 'IE' yw'r ateb i Gristnogion er na fedrwn weld Iesu â'n llygaid, na'i gyffwrdd â'n dwylo, mae'n dal yn fyw heddiw. Ac 'IE', ef yw mab Duw sydd am fod yn ffrind i ni.

Gweddi

Diolch i ti, Dduw, fod Iesu wedi dod yn fyw unwaith eto, ac oherwydd hynny fe all hyd yn oed fod yn ein strydoedd. Helpa ni i ddeall mwy amdano.

Cân

'Hosanna, Hosanna', 'Iesu yw fy ffrind'
38 a 78 Glas, Glas Blaned

ADRAN 6

ADEGAU ARBENNIG

32 AMSER PARTI!

Nod Dangos bod Iesu yn mwynhau partïon hefyd

Sail Beiblaidd Ioan 2:1–11, y wledd briodas yng Nghanan

Byddwch angen
Pethau ar gyfer parti – platiau, cwpanau, hetiau parti, canhwyllau, a.y.y.b. – rhywbeth i'w wneud yn wahanol i bryd cyffredin
Chwilio efallai am ddillad neu hetiau addas ar gyfer y plant sy'n cymryd rhan
Cyfieithiad modern o'r Beibl

Cyflwyniad

Rhagarweiniad
1. Eglurwch wrth y plant eich bod yn paratoi ar gyfer rhywbeth arbennig. Allant hwy ddyfalu? Sut fath o barti? Oes rhywun wedi bod mewn priodas? Oes rhywun wedi bod yn forwyn priodas neu'n was bach? Beth sy'n digwydd yn y parti ar ôl y briodas?
2. Darllenwch y stori o gyfieithiad modern.
3. Dewiswch wirfoddolwyr i actio'r briodas: Iesu, Mair, y briodferch, y priodfab, tri gwas a'r prif was. Ailadroddwch y stori, gan helpu'r cymeriadau i wneud eu rhan – mae'r symudiadau yn weddol amlwg.

Stori
Aeth Iesu i briodas gyda'i fam a'i ffrindiau. Roedd yn barti bendigedig, ac roedd pawb yn hapus iawn. Ond wedyn, O Diar! cyn i'r parti orffen, fe ddoweth y gwin i ben ac nid oedd mwy i'w yfed.
    Aeth mam Iesu ato. "Does dim rhagor o win," meddai, a dywedodd wrth y gweision, "Gwnewch beth bynnag mae Iesu yn ei ofyn i chi."
    "Llenwch y jariau dŵr," meddai Iesu. Ac fe wnaethant hynny.
    "Rŵan ewch â pheth ohono i'r dyn sydd yng ngofal y parti."

Blasodd hwnnw'r ddiod ac edrych yn hapus.

"Wel, hwn yw'r gwin gorau," meddai.

Rhoddodd Iesu anrheg arbennig iawn i'r bobl a'u helpu i gael parti arbennig iawn y diwrnod hwnnw!

Cymhwysiad

Eglurwch i'r plant fod pobl weithiau'n credu bod Iesu'n ddyn difrifol iawn, ond, fel llawer ohonom, roedd yntau'n mynd i bartïon ac yn mwynhau ei hun.

Gweddi

Gorffennwch gyda gweddi yn diolch i Dduw am bartïon ac adegau arbennig eraill.

33 DIOLCHGARWCH – RHANNWCH!

Nod Dangos i'r plant fod Duw wedi rhoi pethau da i ni er mwyn i ni eu rhannu

Sail Beiblaidd 1 Brenhinoedd 17:7–24, Elias a'r weddw

Byddwch angen
Syltanas
Propiau pwrpasol i'r cymeriadau – sgarff i'r wraig a ffon i Elias

Cyflwyniad

Rhagarweiniad
1. Gofynnwch am ddau wirfoddolwr sy'n hoffi syltanas a rhannwch hwy yn annheg rhyngoch chi a hwy, gan sicrhau eich bod yn cael y rhan fwyaf – a dim ond un neu ddwy iddynt hwy. Gofynnwch iddynt rannu'r hyn sydd ganddynt ag eraill. Ydynt yn awyddus i wneud hynny? Pam? Trafodwch yr annhegwch ac unionwch y cam a rhannu'n deg.
2. Dywedwch wrth y plant ei bod yn haws rhannu rhywbeth os oes digon ohono; mae'n llawer anoddach os nad oes gennych ond ychydig. Gofynnwch i'r plant pa bethau sy'n hawdd eu rhannu, a pha bethau sy'n anodd. Eglurwch fod rhannu'n golygu fod pob un yn cael rhywbeth.

Stori
Adroddwch hanes Elias a'r weddw, gan ddefnyddio'r propiau pwrpasol. Dyn oedd Elias oedd yn adnabod Duw, yn siarad â Duw ac yn gwneud yr hyn yr oedd Duw yn ei ddweud wrtho. Un diwrnod dywedodd Duw wrth Elias am fynd i dref o'r enw Zarephath ac aros yno gyda rhyw wraig a'i mab.
     Pan gyrhaeddodd Elias Zarephath gwelodd y wraig yn dod tuag ato. Roedd yn casglu coed tân i'w llosgi.
     "Os gweli'n dda, rho ddiod o ddŵr i mi," meddai Elias, "ac ychydig o fara i'w fwyta." "Nid oes gennyf fara," meddai hi. "Does gennyf ond digon o flawd yn y fowlen ac olew yn y llestr i wneud un pryd olaf i mi

a'm mab, ac yna byddwn farw am nad oes gennym fwy o fwyd."

Nid oedd wedi glawio yno ers amser maith ac yn awr nid oedd ond ychydig o fwyd ar ôl.

"Paid â phoeni," meddai Elias. "Gwna dy bryd bwyd, ond yn gyntaf gwna dorth fechan i mi. Mae Duw yn dweud, hyd nes bydd hi'n glawio eto, y bydd wastad digon o flawd yn y fowlen ac olew yn y llestr."

Gwnaeth y wraig yn ôl dymuniad Elias. Rhannodd ei bwyd drwy wneud bara iddo ef ac yna iddi hi ei hun a'i mab. Bob tro roedd yn gwneud bara, roedd digon o flawd a digon o olew. Ac o'r diwrnod hwnnw hyd nes iddi lawio eto, bu ganddynt ddigon i'w fwyta.

Cymhwysiad

Atgoffwch y plant pa mor anodd yw hi i rannu pan nad oes gennych ond ychydig iawn. Prin fod gan y wraig unrhyw beth ar ôl, ond fe'i rhannodd ag Elias, ac yr oedd Duw yn fodlon â hi. Efallai y gallwch adael ychydig o syltanas i bob dosbarth i wneud y neges yn glir.

Gweddi

Gorffennwch gyda gweddi yn gofyn i Dduw ein helpu i rannu, hyd yn oed pan mae hynny'n anodd.

34 DIOLCHGARWCH AM Y CYNHAEAF

Nod Dysgu bod y cynhaeaf yn amser i ddiolch i Dduw am bopeth mae ef wedi ei roi i ni.

Byddwch angen
Torth o fara a'r cynhwysion ar gyfer y dorth – blawd, olew, burum, dŵr
Copi o *Diolch am dorth o fara* gan gwasg Pantycelyn ac os yw'n bosib asetad neu ddarn mawr o bapur a beiro

Paratoi
Dim – os nad ydych am bobi eich torth eich hun!

Cyflwyniad

Rhagarweiniad
1. Gofynnwch pwy sydd wedi cael darn o dôst i frecwast? Neu frechdan? Wnaethon nhw ei fwynhau? Beth yw eu hoff lenwad?
2. Atgoffwch y plant ein bod yn aml yn bwyta bwyd heb roi diolch amdano. Rydym am ddiolch i'r holl bobl sydd wedi rhoi bara i ni. Ond lle i ddechrau? Dewiswch un o'r plant a gafodd fara i frecwast a gofyn iddo eich helpu. Ysgrifennwch restr o'r holl bobl sy'n gyfrifol ar yr asetad, neu'r darn mawr o bapur.

Pwy wnaeth eu brecwast (mam/dad)? Felly diolch i . . .
    Ond o ble daeth y dorth (siop/archfarchnad). Felly diolch i berchen y siop.
    Ond fe gafodd ef y bara gan y pobydd. Felly diolch i'r pobydd.
    Ond fe wnaeth y pobydd y bara o wahanol gynhwysion (dangoswch y blawd, olew, burum, a dŵr). Daw'r blawd o wenith sydd wedi ei falu. Felly diolch i'r melinydd.
    Ond cyn i'r melinydd falu'r grawn, rhaid i'r gwenith dyfu'n gryf ac aeddfedu. Felly diolch i'r ffermwr a dyfodd y gwenith.
    Mae angen haul a glaw ar wenith, a Duw sy'n gwneud i'r haul

dywynnu a'r glaw ddisgyn. Felly yn y diwedd, Diolch i ti, Dduw.

Cymhwysiad
Mae'r cynhaeaf yn amser arbennig i ddweud diolch am yr holl bethau da sydd gennym a roddodd Duw i ni.

Gweddi
Diolch, Dduw, am yr haul a'r glaw, am wair a gwenith, am ffermwyr a melinwyr, am bobyddion a pherchnogion siopau, ac am yr holl bobl sydd yn gofalu amdanom ac yn gwneud bwyd i ni. A diolch am dorth o fara. Amen.

Cân
51, *Glas, Glas Blaned* 'Hau yr had cyn dyfod glaw'

35 GOLEUNI

Cynhwysir y gwasanaeth hwn fel dewis amgen i ddathlu Calan Gaeaf. Mae'n canolbwyntio ar Iesu fel y goleuni sydd wedi trechu'r tywyllwch.

Nod Egluro bod Iesu fel goleuni ac nad yw ei oleuni byth yn diffodd

Sail Beiblaidd Ioan 1:5 a 8:12

Byddwch angen
Sawl math o ffynhonnell goleuni – fflachlamp, lamp, matsen, cannwyll, golau beic, a.y.y.b.
Sgarff fel mwgwd

Cyflwyniad

Rhagarweiniad
1. Paratowch gwrs antur syml a diogel, e.e. o dan gadair a thros fwrdd isel. Gofynnwch am wirfoddolwyr i fynd drwy'r cwrs. Ar ôl iddynt ei orffen yn llwyddiannus gofynnwch iddynt ei wneud eto – gan wisgo'r mwgwd. Os ydynt yn fodlon rhoi cynnig arni, tywyswch hwy'n ofalus a gofyn ar y diwedd sut deimlad oedd o, a pha dro oedd hawsaf. Os nad ydynt am ei wneud yn gwisgo'r mwgwd, pwysleisiwch fod gwneud rhywbeth heb allu gweld yn gallu peri ofn.
2. Trafodwch sut mae ofn tywyllwch ar oedolion hefyd! a bod ychydig bach o oleuni yn helpu. Rywsut mae'r holl bethau sy'n peri ofn yn y tywyllwch yn diflannu pan mae golau ar gael, neu yn y bore. Nid oes ar bobl ofn goleuni. Dangoswch y gwahanol fathau o oleuni sydd gennych gan drafod lle cânt eu defnyddio.

Cymhwysiad
1. Atgoffwch y plant fod Iesu wedi dweud, "Myfi yw goleuni'r byd."
2. Dywedwch fod Cristnogion yn credu y gall Iesu ein helpu pan mae ofn arnom. Mae'r Beibl yn dweud, "Mae'r goleuni yn llewyrchu yn y tywyllwch ac nid yw'r tywyllwch wedi ei drechu ef." Iesu yw'r goleuni na ellir byth ei ddiffodd.

Gweddi

Gofynnwch i'r plant ymuno yn y weddi drwy ddweud "Helpa fi, plîs, Iesu" ar ôl i chi ddweud "Iesu, ti yw'r Goleuni, felly . . ."

Weithiau, mae'n dywyll ac rwy'n teimlo'n unig. Ond, Iesu, ti yw'r Goleuni, felly
    Helpa fi, plîs, Iesu.
Weithiau, mae'n dywyll ac rwy'n teimlo'n ofnus. Ond, Iesu, ti yw'r Goleuni, felly
    Helpa fi, plîs, Iesu.
Weithiau, mae'n dywyll ac rwy'n cael fy nychryn gan synau dieithr yn y nos neu gan y distawrwydd yn y tŷ. Ond, Iesu, ti yw'r Goleuni, felly
    Helpa fi, plîs, Iesu.

Cân

24, *Glas, Glas Blaned* 'Cadw fflam yn dy feddwl'

36 PARATOWCH! (ADFENT)

Nod Helpu'r plant i ymbaratoi at y Nadolig a dysgu beth yw gwir ystyr y Nadolig

Sail Beiblaidd Eseia 9:6 Matthew 1 a Luc 1

Byddwch angen
Bag o bethau sy'n gliwiau ar gyfer achlysuron arbennig, e.e. sbectol haul ac eli haul ar gyfer gwyliau, bib a thalc babi ar gyfer babi newydd, colur a het ar gyfer priodas, rhai addurniadau a chalendr Adfent

Cyflwyniad

Rhagarweiniad
Eglurwch mai'r Nadolig yw'r amser pan fydd pobl yn dathlu genedigaeth Iesu. Gannoedd o flynyddoedd cyn i'r Iesu gael ei eni y Nadolig cyntaf hwnnw, roedd Duw wedi bod yn paratoi ar gyfer ei ddyfodiad. Anfonodd lawer o bobl wahanol fel negeswyr i ddweud wrth bawb am fod yn barod, gan y byddai person arbennig Duw yn dod ryw ddydd.

    Dyma rai o'r geiriau a ddefnyddiodd un ohonynt i sôn amdano (Eseia 9:6): "Canys bachgen a aned i ni, mab a roed i ni, a bydd yr awdurdod ar ei ysgwydd. Fe'i gelwir 'Cynghorwr rhyfeddol, Cawr o ryfelwr, Tad bythol, Tywysog heddychlon'."

    Yn olaf anfonodd Duw angel at Mair iddi baratoi, gan mai iddi hi y byddai'n cael ei eni.

    Dangoswch bethau'r babi eto, gan egluro na fyddai gan Mair y math yma o bethau ymlaen llaw, ond y byddai wedi gwneud paratoadau.

    Anfonodd Duw neges at Joseff hefyd i ddweud wrtho am baratoi ar gyfer dyfodiad Iesu, y babi arbennig yma.

Cymhwysiad
1. Gofynnwch iddynt pam fod Duw wedi mynd i'r fath drafferth i ddweud wrth bobl am baratoi.
2. Eglurwch fod Iesu wedi ei eni er mwyn i ni adnabod Duw yn well a

deall maint ei gariad drosom.

3. Dywedwch mai Adfent yw'r enw ar y cyfnod yma gan Gristnogion, amser i baratoi ar gyfer dyfodiad Crist.

Awgrymwch fod y plant, wrth baratoi ar gyfer y Nadolig, yn cofio am ddyfodiad Iesu hefyd. Os oes ganddynt galendr Adfent yn eu cartrefi, ceisiwch eu hannog i gofio am Iesu wrth iddynt agor drws bob dydd.

Gweddi

Gofynnwch i'r plant am syniadau am yr hyn sy'n eu cyffroi wrth baratoi ar gyfer y Nadolig, gan eu defnyddio fel gweddi fer i ddweud 'diolch' i Dduw am bob un, ac am Iesu hefyd.

Cân

35, *Glas, Glas Blaned* 'Ar fore Dydd Nadolig'

37 PASIWCH Y PARSEL! (Y NADOLIG!)

Nod Egluro'n glir y ffeithiau ynglŷn â genedigaeth Iesu.

Sail Beiblaidd Matthew 1 a 2, Luc 1 a 2, geni'r Iesu.

Byddwch angen
Yr eitemau canlynol i'w lapio a'u rhifo fel isod:
1. Y 'Gorchymyn' – geiriau fel yn Luc 2:1–3
2. Map yn dangos Nasareth a Bethlehem (gwnaiff llun syml y tro)
3. Arwydd yn dweud 'Dim lle'
4. Ychydig o wellt
5. Mul – tegan meddal
6. Dol wedi ei rhwymo mewn cadachau fel Iesu
7. Angel (addurn Nadolig neu un papur)
8. Dafad – tegan meddal
9. Seren
10. Bocs i gynrychioli un o'r anrhegion a roddwyd i Iesu
11. Marc cwestiwn
Papur Nadolig
Cerddoriaeth Nadolig addas (Tâp neu CD) a chwaraewr.

Paratoi
Lapiwch bob eitem yn y rhestr mewn papur Nadolig a'i rifo yn y drefn gywir ar gyfer y stori.
     Gellir gadael rhai allan er mwyn torri ar yr amser ond mae defnyddio'r cyfan yn golygu y gall pawb afael mewn parsel.

Cyflwyniad

Rhagarweiniad
1. Gofynnwch i'r plant pa gêmau maent yn hoffi eu chwarae mewn partïon Nadolig. Gofalwch eu bod yn cyfeirio at 'Pasio'r parsel'.
2. Eglurwch fod y gêm heddiw ychydig yn wahanol – bydd yr holl barseli

yn cael eu pasio o gwmpas gyda'i gilydd, a phan fydd y gerddoriaeth yn stopio, byddwch yn galw rhif/rhifau y parsel sydd i'w agor.
3. Rhannwch y parseli ymysg y plant gan roi manylion clir i ba gyfeiriad i'w pasio. Pan fydd y gerddoriaeth yn stopio galwch ddau rif ar y tro (neu fe fydd yn cymryd gormod o amser), gan ofyn i'r plant ddod i'r blaen gyda'r parseli.
4. Wrth agor pob parsel adroddwch y darn priodol o'r stori.

Stori
Dechreuwch y gerddoriaeth. Agorwch barseli 1 a 2.

Amser maith yn ôl, pan oedd Awgwstws yn ymerawdwr, penderfynodd gyfrif pawb oedd yn byw yng ngwlad Jwda (dangos y 'Gorchymyn'). Bu rhaid i ddau, sef Mair a Joseff, deithio o Nasareth lle'r oeddent yn byw, i Fethlehem, sef y dref lle'r oedd teulu Joseff yn byw flynyddoedd yn ôl (dangos y map).

Cerddoriaeth. Agorwch barseli 3 a 4.

Ar ôl iddynt gyrraedd Bethlehem, roedd y dref mor brysur gyda llawer o deithwyr eraill fel nad oedd lle iddynt aros (dangoswch yr arwydd) a bu rhaid i Mair a Joseff aros mewn stabl a chysgu yn y gwellt (dangos y gwellt).

Cerddoriaeth. Agorwch barseli 5 a 6.

Yn ystod y nos, ganwyd baban Mair. Iesu oedd ei enw. Nid oedd unman iddo gysgu heblaw am y preseb, man bwyd y gwartheg a'r mul (dangos y mul). Rhwymodd Mair y baban Iesu mewn darnau o gadachau a'i roi yn y gwellt (dangos y babi).

Cerddoriaeth. Agorwch barseli 7 ac 8.

Ond nid unrhyw fabi oedd yr Iesu hwn a anwyd mewn stabl, ond mab Duw ei hun. Yn hwyrach y noson honno aeth angylion (dangos yr angel) i ddweud y newyddion da am eni Iesu wrth fugeiliaid (dangos y ddafad).

Cerddoriaeth. Agorwch barseli 9 a 10

Ymddangosodd seren arbennig yn yr awyr hefyd (dangos y seren) a gwelodd rhai gwŷr doeth, oedd yn astudio'r sêr, y seren, a'i dilyn am filltiroedd lawer nes iddynt gyrraedd y fan lle ganwyd yr Iesu. Pan welsant y baban Iesu rhoesant anrhegion arbennig iddo – aur, thus a myrr (dangos yr anrheg). Nid dyma'r math o anrhegion a arferid eu rhoi i faban, ond dyma'r union bethau i'w rhoi i rywun mor arbennig â'r Iesu.

Cerddoriaeth ac agorwch barsel 11.

Cymhwysiad

1. Ar ôl agor y parsel gyda'r 'marc cwestiwn' ynddo holwch y plant pam fod Duw wedi anfon Iesu i fyw ar y ddaear.
2. Eglurwch mai anrheg arbennig Duw i ni oedd Iesu, am ei fod yn ein caru gymaint.

Gweddi

Gofynnwch i'r plant ymuno yn y weddi a dweud:
"Diolch i ti, Dduw, Dad" ar ôl pob llinell.
Mae'n Nadolig, a rydym wedi'n cyffroi,
"Diolch i ti, Dduw, Dad."
Mae llawer o bethau yn rhoi gwir bleser i ni,
"Diolch i ti, Dduw, Dad."
Am ein teulu a'n ffrindiau,
"Diolch i ti, Dduw, Dad."
Am dy gariad sydd byth yn gorffen,
"Diolch i ti, Dduw, Dad."
Am gyffro a hwyl,
"Diolch i ti, Dduw, Dad."
Ac am Iesu, dy Fab,
"Diolch i ti, Dduw, Dad."

Cân

'Ar fore Dydd Nadolig' , 'Ganwyd Crist ym Methlehem'
35 a 36, *Glas,Glas Blaned*

38 BLWYDDYN NEWYDD, DECHRAU NEWYDD

Nod Dangos bod dechreuad newydd bob amser yn bosibl gyda Duw

Sail Beiblaidd Luc 15:11–24 Y mab afradlon

Byddwch angen
Darn mawr o bapur
Paent
Brwsh paent
Rhywbeth i warchod y llawr
Îsl os yn bosib

Paratoi
Dim (os nad ydych am wneud amlinelliad bras ar gyfer y llun, i'w wneud yn haws)

Cyflwyniad

Rhagarweiniad
1. Nid oes angen bod yn arlunydd da! Tynnwch lun sy'n edrych yn dda ar y cychwyn ond, wrth fynd ymlaen, rydych yn anghofio golchi'r brwsh, ac mae'r lliwiau'n rhedeg i'w gilydd. Peidiwch â threulio gormod o amser yn tynnu'r llun. Codwch y llun a'i ddangos – gyda'r paent yn dal i redeg gan ddifetha'r llun.
2. Dechreuwch eto, gan ofyn am gymorth. Efallai fod aelod o staff artistig ar gael.
3. Dywedwch wrth y plant nad oes posib dechrau rhai pethau eto. Ond gellir ailddechrau pethau eraill. Roedd hi'n bosib dechrau'r llun eto, ac, wrth ofyn am gymorth rhywun arall, roedd hwnnw'n eich rhwystro rhag gwneud yr un camgymeriadau eto.
4. Atgoffwch y plant ei bod yn ddechrau blwyddyn newydd. Mae'n lân ac yn newydd, fel darn o bapur. Fel wrth ofyn am help i wneud y llun yn iawn, gallwn hefyd ofyn i Dduw, sy'n gwneud pob dydd yn newydd, ein

helpu i wneud pethau'n iawn. Ac fe wnaiff. Ond hyd yn oed pan fyddwn yn gwneud pethau anghywir, gall Duw ein helpu i ddechrau eto.

Gellir gorffen y gwasanaeth fan yma, neu fynd ymlaen i ddweud stori'r mab afradlon os dymunwch.

Os ydych yn artistig iawn, gallai'r ail lun fod yn llun o dad a mab.

Stori

Adroddwch stori'r tad a'r mab. Mae'n bosib gofyn i'r plant ymuno bob tro yr ydych yn sôn am y ddau gymeriad, e.e. 'Dad' mewn llais cwynfanllyd ar gyfer y mab ac 'Ie, fy mab' ar gyfer y tad.

Unwaith roedd yna dad a chanddo ddau fab. Roedd un yn hŷn, ac, wrth gwrs, roedd y llall yn iau. Un diwrnod aeth y mab iau at ei dad a dweud, "Dad."

"Ie, fy mab," meddai'r tad. "Dad, alla i gael fy siâr i o'r arian yn awr os gwelwch yn dda?"

Meddyliodd y tad am ychydig ac, er nad oedd am weld ei fab yn gadael ei gartref, dywedodd, "Iawn, fy mab," am ei fod yn ei garu.

Aeth y mab i wlad bell gan wario ei arian ar bartïon, bwyd a phob math o bethau eraill roedd arno awydd i'w cael. Ond nid oedd yr arian yn para am byth ac yn y diwedd nid oedd ganddo ddim ar ôl.

O'r diwedd sylweddolodd ei fod wedi gwneud llanast o bopeth. A dyna pryd y dechreuodd newid. Penderfynodd fynd adref a dweud "mae'n ddrwg gen i" wrth ei dad, a gofyn i'w dad ei gyflogi fel gwas. Felly cychwynnodd am adref.

Ymhell cyn iddo gyrraedd, ac yntau'n dal i ymarfer beth i'w ddweud wrth ei dad, gwelodd ei dad ef, a rhedeg i'w gyfarfod. "Dad," meddai'r mab, gan feddwl sôn am gael ei gyflogi ganddo. Ond roedd ei dad mor falch i'w weld fel y dywedodd, "Ie, fy mab." "Mae'n wych dy weld, ac rwyf mor falch dy fod yn ôl. Paratowch am barti!" Ac felly y gwnaed. Er bod y mab wedi gwastraffu'r arian i gyd, roedd ei dad wedi ei groesawu yn ôl am ei fod yn ei garu gymaint.

Beth yr oedd angen i'r mab ddweud wrth ei dad? "Mae'n ddrwg gen i".

Pam croesawodd y tad ei fab gartref a gadael iddo ddechrau eto? Am ei fod yn ei garu.

Cymhwysiad

Eglurwch fod Iesu wedi adrodd y stori hon i helpu pobl i ddeall bod Duw fel y tad yn y stori. Pan fyddwn wedi gwneud rhywbeth o'i le, neu wneud llanast, gallwn fynd ato a dweud "mae'n ddrwg gen i", a gan ei fod yn ein caru bydd yn maddau i ni a rhoi dechrau newydd i ni.

Gweddi

Bydd yn addas gorffen gyda gweddi 'Mae'n ddrwg gen i' ond gan gynnwys gair i 'ddiolch' i Dduw am faddau i ni a'n helpu ni i ddechrau eto, ac efallai 'os gweli'n dda' i'n helpu i wneud y pethau cywir bob amser.

39 MOTYN

Nodyn
Yn ogystal ag adrodd y ffeithiau am yr hyn ddigwyddodd i'r Iesu pan fu farw ar y groes mae'r Beibl hefyd yn egluro pam fod Iesu wedi marw, sef yr hyn gyflawnodd Duw drwy ei farwolaeth. Y gair diwinyddol yw 'achubiaeth' – Duw yn prynu'n ôl y bobl a gollodd. Dyma air a ddefnyddiwyd i ddisgrifio'r broses lle'r oedd caethweision yn cael eu rhyddhau. Wrth ei gymhwyso i Dduw a dynoliaeth mae'n dangos yn eglur pa mor werthfawr yr ydym iddo – y byddai'n fodlon rhoi ei fab drosom.

Roedd Iesu'n aml yn dweud storïau i egluro'r gwir am Dduw. Mae'r stori *Motyn* sy'n debyg o fod yn gyfarwydd i blant, yn enghraifft dda o hyn, sef plentyn yn rhoi ei thedi er mwyn cael tegan meddal coll ei brawd yn ôl. Nid yw'n ymgyrraedd yn gyfan gwbl at yr hyn a wnaeth Duw drosom. Nid oedd y ferch fach yn or hoff o'i thedi ond fe gostiodd yn ddrud i Dduw roi Iesu drosom. Mae'r gwasanaeth yn ceisio egluro'r hyn a olyga marwolaeth Iesu, a pha mor werthfawr ydym i Dduw.

Sail Beiblaidd Effesiad 2:13

Byddwch angen
Copi o *Motyn* gan Shirley Hughes, Cymdeithas Lyfrau Ceredigion
Tegan meddal o gi hefyd, efallai

Paratoi
Golygwch y stori i faint synhwyrol.

Cyflwyniad
Bydd rhai o'r plant efallai yn gyfarwydd â'r stori ond adroddwch eich fersiwn fer ohoni, gan ddangos y lluniau yn ôl yr angen. Y pwyntiau pwysig i'w cynnwys yw:
☐ Roedd Motyn yn werthfawr iawn i'r bychan.
☐ Roedd yn drist iawn pan aeth Motyn ar goll a bu'n chwilio'n ddyfal amdano.
☐ Roedd e eisiau prynu Motyn yn ôl pan welodd ef ar y stondin.

Drwy roi rhywbeth arbennig gallai'r chwaer aduno'i brawd â Motyn.

Am fod Motyn mor bwysig iddo, roedd hi'n fodlon rhoi'r tedi a enillodd er mwyn iddo ef ei gael yn ôl.

Mae'r Beibl yn dweud fod pobl wedi eu gwneud i gael cyfeillgarwch â Duw. Ond mae'r pethau drwg a wnawn yn ei ddifetha ac yn gwneud i ni fynd ar goll.

Cymhwysiad

Eglurwch fod Iesu wedi cael ei ladd gan bobl nad oedd yn ei hoffi, ac iddo farw ar y groes. Ond fe wnaeth Duw rywbeth arbennig iawn. Gan ein bod mor arbennig i Dduw, defnyddiodd yr hyn a wnaeth y bobl i'n cael yn ôl, fel cael Motyn yn ôl yn y stori – fel y gallwn fod gyda Duw am byth.

A dweud y gwir, nid oedd y ferch fach yn rhy hoff o'r tedi, beth bynnag, ac felly nid oedd yn anodd iawn iddi ei golli. Mae'r Beibl yn dweud wrthym fod Duw yn caru'r Iesu'n fawr iawn, ac felly roedd yn anodd iddo ei adael i farw. Ond rydym mor arbennig fel ei fod yn fodlon ei aberthu er mwyn ennill ein cyfeillgarwch yn ôl.

Dyna beth yw neges y Pasg. Cofio am Iesu yn marw ar y groes, a sut, oherwydd hynny, y gallwn fod gyda Duw am byth.

Gweddi

Diolch, Dduw, ein bod mor werthfawr i ti. A diolch i ti am Iesu, sy'n dangos i ni gymaint yw dy gariad atom.

Cân

41, *Glas, Glas Blaned* 'Sôn mae'r Pasg'

40 PEN BLWYDD HAPUS, ANNWYL EGLWYS! (Y PENTECOST)

Nod Egluro'r Ysbryd Glân – Iesu'n bresennol i bawb sy'n ei ddilyn

Sail Beiblaidd Actau 1:4–8, 2:1–14, Dyfodiad yr Ysbryd Glân

Byddwch angen
Cacen ben blwydd a chanhwyllau arni
Arwyddion yn dweud 'Ysbryd Glân' a 'Nerth'

Paratoi
Lapiwch yr arwyddion mewn papur anrheg pen blwydd

Cyflwyniad

Rhagarweiniad
1. Holwch a oes unrhyw un yn cael ei ben blwydd heddiw neu'r wythnos hon.
2. Soniwch am benblwyddi a'r hyn rydym yn ei gael – cardiau, anrhegion, cacen.
3. Dangoswch y gacen a goleuwch y canhwyllau. Dechreuwch ganu 'Pen blwydd Hapus' ond arhoswch wrth i chi ganu 'Pen blwydd hapus i . . .' (Canwch y gân i gyd yn gyntaf os oes rhywun yn cael ei ben blwydd, ac yna gofynnwch i'r plant ganu eto gan aros fel uchod.)
4. Mae Cristnogion yn cyfeirio at yr adeg arbennig o'r flwyddyn a elwir yn 'Pentecost' fel pen blwydd yr eglwys. Eglurwch nad adeilad yn unig lle mae pobl yn addoli yw unig ystyr y gair 'eglwys', ond ei fod yn enw a roir ar bawb yn y byd sy'n dilyn Iesu.

Stori
Adroddwch y stori yn Actau 1 a 2 gan gyfeirio'n arbennig at:
1 Iesu'n gadael ei ffrindiau arbennig ac yn dychwelyd at Dduw
2 ei fod wedi addo anfon yr Ysbryd Glân, ei gynorthwywr, i fod gyda hwy.

3 fod holl ddilynwyr Iesu mewn ystafell gyda'i gilydd yn Jerwsalem a'u bod wedi clywed sŵn fel gwynt nerthol yn chwythu a llenwi'r tŷ, a'u bod wedi gweld yr hyn oedd yn ymddangos fel fflamau bach yn dawnsio o gwmpas pob un ohonynt

4 fod yr Ysbryd Glân wedi dod, yn union fel yr addawodd Iesu. Datodwch yr anrheg gyda'r arwydd 'Ysbryd Glân' ynddo. Dywedodd Iesu, pan fyddai'r 'Ysbryd Glân' yn dod, y byddai'n rhoi anrheg arbennig iddynt. Datodwch yr arwydd 'Nerth' ac ewch ymlaen i egluro beth ddigwyddodd nesaf

5 fod ffrindiau Iesu wedi dechrau siarad mewn ieithoedd dieithr nad oeddent erioed wedi dysgu eu siarad. (gallwch ddweud ychydig o eiriau mewn iaith arall, e.e. *Lobe den Herren* – Clod i'r Arglwydd mewn Almaeneg)

6 fod llawer o bobl o wledydd tramor, oedd yn Jerusalem ar y pryd wedi eu clywed yn siarad ac yn eu deall

7 fod Pedr yn ddewr iawn, yn sefyll ar ei draed o flaen miloedd o bobl a sôn wrthynt am Iesu

Cymhwysiad

1. Dywedwch wrth y plant fod Iesu eisoes wedi dweud wrth ei ddisgyblion am yr Ysbryd Glân, ei fod yn debyg i wynt – ni allwch ei weld ond gallwch weld beth mae'n ei wneud. Gofynnwch i'r plant a allant weld eich anadl wrth i chi chwythu i'r awyr. Na. Gofynnwch iddynt edrych beth sy'n digwydd wrth i chi chwythu ar y canhwyllau.

2. Eglurwch na allwn weld yr Ysbryd Glân ond ef yw anrheg arbennig Iesu i'r rhai sydd yn ei ddilyn, i fod gyda hwy a'u gwneud yn ddewr i wneud yr hyn sy'n iawn, yn union fel y gwnaeth Pedr yn ddewr.

3. Ailoleuwch y canhwyllau a chanu 'Pen blwydd Hapus i'r Eglwys'

Gweddi

Gofynnwch i'r plant ymuno gyda'r geiriau 'Diolch i ti, Dduw' ar ddiwedd pob llinell.

Am ben blwydd a phartïon
Diolch i ti, Dduw.
Am hwyl a sbri
Diolch i ti, Dduw.
Am anrhegion a hapusrwydd

Diolch i ti, Dduw.
Am dy Ysbryd Glân
Diolch i ti, Dduw.

Cân
45, *Glas, Glas Blaned* 'Dy gariadus Ysbryd'

41 MAE'R GWYLIAU'N DECHRAU NAWR! (DIWEDD Y FLWYDDYN YSGOL)

Nod Helpu'r plant i ddeall bod Duw, sy'n fwy nag y gallwn byth ei amgyffred, yn gwybod popeth amdanom ac yn gwylio drosom pa le bynnag y byddom.

Sail Beiblaidd Salm 139:9–10

Byddwch angen
Amlinelliad o Brydain ar asetad neu ar ddarn mawr o bapur
Glôb
Pen marcio
Map ffordd o Brydain gyda mynegai – rhag ofn y bydd rhaid i chi edrych am rywle anghyfarwydd arno
Bag teithio yn cynnwys ychydig o bethau i fynd ar wyliau
Arwydd mawr a wnaiff fynd i mewn i'r bag, gyda'r gair 'Duw' arno

Paratoi
Gwybodaeth ddaearyddol

Cyflwyniad

Rhagarweiniad
1. Pwy sy'n llawn cyffro am fod yr ysgol yn gorffen am wyliau'r haf? (rhowch gyfle i'r staff gael dweud eu dweud hefyd!) Pwy sydd yn mynd i ffwrdd ar eu gwyliau? Beth fyddant yn mynd gyda hwy? Dangoswch yr hyn sydd gennych yn eich bag.
2. Gofynnwch am enwau rhai o'r lleoedd mae rhai yn mynd iddynt, gan eu marcio ar y map gydag enw'r person. Marciwch hefyd y rhai sy'n aros gartref. Pwyntiwch at wledydd tramor ar y 'glôb'. Sut maent yn teithio i'w gwyliau?

Stori

1. Soniwch am rai o'r bobl yn y Beibl a aeth ar deithiau hir – Abraham i wlad newydd; Joseff fel caethwas i'r Aifft; Moses yn arwain y bobl i wlad arbennig Duw; Joseff a Mair yn dianc gyda'r baban Iesu i'r Aifft; Paul yn mynd ar deithiau hir i ddweud wrth bobl am Iesu. Roedd pob un ohonynt yn gwybod y byddai Duw gyda hwy pa le bynnag yr aent.
2. Darllenwch yr adnodau yn Salm 139: "Os cymeraf adenydd y wawr a thrigo ym mhellafoedd y môr, yno hefyd fe fydd dy law yn fy arwain, a'th ddeheulaw yn fy nghynnal."

Cymhwysiad

Tynnwch yr arwydd 'Duw' o'ch bag a'i ddangos. Ni allwn weld Duw â'n llygaid na'i glywed â'n clustiau na'i deimlo â'n dwylo; ond bydd gyda ni bob amser os gofynnwn iddo, yn union fel yr oedd gyda'r bobl yn y Beibl.

Nid oes ots i ble yr awn yn y byd: mae Duw mor fawr fel y gall fod ym mhob man gyda phawb.

Pan ddown yn ôl i'r ysgol ar ôl gwyliau'r haf – i ddosbarthiadau newydd neu hyd yn oed i ysgol newydd – bydd Duw yn dal i ofalu amdanom.

Gweddi

Adroddwch weddi fer yn diolch i Dduw am wyliau gartref ac oddi cartref, ac, os yw'n addas, gofynnwch i Dduw fod yn agos at y plant sy'n mynd i ysgol newydd.

Cân

78, *Glas, Glas Blaned* 'Iesu yw fy ffrind'